RETOUR
EN BRETAGNE

Du même auteur

Dictionnaire insolite de l'Égypte, Cosmopole, 2012.
Un paquebot pour Oran, La Librairie Vuibert, 2019.

GUILLAUME DE DIEULEVEULT

RETOUR EN BRETAGNE

BUCHET • CHASTEL

ISBN 978-2-283-03495-8

« Logé partout, mais enfermé nulle part, telle est la devise du rêveur de demeures. »

GASTON BACHELARD,
La Poétique de l'espace

Prologue

Le jour de ses 18 ans, sa mère lui avait offert un cœur breton. C'était la tradition. La bague était en or, elle représentait deux mains soutenant un cœur surmonté d'une couronne. Pendant des générations, elle avait été reproduite par des orfèvres qui en ignoraient souvent la signification si bien que, d'un modèle à l'autre, son dessin s'était progressivement transformé.

Les mains, en s'allongeant, avaient fini par ressembler aux ailes d'un ange. Le cœur, devenu rond et bombé comme un globe, paraissait contenir quelque chose de compact et de tiède au-dessus duquel les sphères d'or, symbolisant la couronne, étaient comme en lévitation.

Jadis, dans les pays celtes, c'est en s'offrant cette bague que les fiancés se liaient l'un à l'autre.

Elle la portait toujours et, qu'elle soit vibrante de colère ou sereine, reposée, fatiguée, triste ou joyeuse, j'admirais son éclat à sa main. Ces deux mains comme des ailes, portant un cœur semblable à un petit univers, ma rêverie venait s'y lover lorsque, tenant sa main dans la mienne et jouant du bout des doigts avec le cœur qu'elle portait à son doigt, je laissais mon âme flotter un instant sur le son de sa voix, puis s'échapper.

Elle n'allait pas bien loin : sitôt envolée, elle se posait dans un recoin de ce cœur et là, à l'abri de la couronne, tout enveloppée d'or, songeait à ce vieux pays dont elle portait un morceau à la main. Elle s'y promenait comme dans une maison de famille, une maison de l'enfance dont on se souvient devenu grand. Elle descendait vers des bois et des marais où dormait une eau calme et profonde. Sous le miroir cuivré de sa surface, elle devinait des palais endormis, des villes englouties, des chimères. Puis, elle grimpait jusqu'au sommet de collines où bat le vent, où les nuages passent en rafale, où le soleil est vif. Elle s'arrêtait au bord de falaises semblables à des terrasses qui dominaient la mer. Partout, elle se sentait chez elle. Et lorsque je devais quitter ma rêverie pour revenir à moi, elle s'envolait bien vite de ce cœur en or et retournait nicher dans le cœur de chair qui bat au creux de ma poitrine. De ces voyages immobiles, silencieux, invisibles, elle rapportait sous ses ailes de vastes horizons et des recoins secrets : un rocher moussu, le creux d'une vague ou d'une racine. Elle les déposait dans mon cœur et je le sentais battre plus fort.

Un jour, cette rêverie en bagage, je suis retourné en Bretagne.

I.

Être breton

Le printemps ; de Dol à Machecoul,
sur la frontière ;
dans les monts d'Arrée ; à Tréguier

1.
Sur le quai de Roscoff

Le *Pont-Aven* brillait d'un éclat phosphorescent dans le petit matin. À peine descendu du taxi qui m'avait conduit au port de Roscoff, j'avais ressenti les profondes vibrations de la machine qui remplissaient l'atmosphère et imposaient leur grondement de basse au petit matin. Le bateau était amarré et seule une de ses deux cheminées laissait filer, comme un volcan à demi éveillé, un léger toupet de fumée blanche qui s'évaporait bien vite dans le ciel encore sombre. Le soleil n'était pas tout à fait levé mais je devinais, dans la brume et dans les étoiles qui scintillaient au-dessus de la baie de Morlaix, la promesse d'une journée lumineuse, prélude à une paisible traversée.

Mon sac à l'épaule, j'entrais dans le hangar et, suivant des flèches orange dessinées sur le sol, je me dirigeais vers les guichets de la Brittany Ferries. Alignés sur des rangées de fauteuils ou patientant dans la file, des Anglais s'apprêtaient à rentrer sur leur île.

Depuis plus d'un an désormais, je multipliais les voyages à travers la Bretagne. J'avais arpenté ses montagnes, ses landes et ses vallons ; dormi dans ses forêts de hêtres, au bord de ses rivières ou dans des maisons battues par la pluie et le vent ; je m'étais égaré dans les méandres de ses voies rapides, dans les ronds-points de ses zones périurbaines. J'avais erré dans ses villages gris d'ennui où, le soir, seule brille la lumière d'un abribus ; j'avais marché dans ces villes engourdies par le tourisme, dont les rues très anciennes finissent par ressembler à des allées de centres commerciaux ; j'avais flâné sur ses quais déserts, enjambé les murets de ses cimetières ; je m'étais reposé contre le granit de ses églises. J'avais rencontré des Bretons. Ils avaient été comme des sémaphores s'agitant dans la nuit : certains m'avaient guidé, d'autres m'avaient égaré.

J'étais en quête. Ce que j'étais parti chercher à travers la Bretagne et que j'espérais maintenant trouver en Cornouailles de l'autre côté de la Manche, c'était une impression, toujours la même, que je cherchais depuis des années à travers mes voyages, un sentiment fugace et fragile se nourrissant du souvenir de ce qui fut, n'est plus et pourtant demeure.

Bien des années plus tôt, alors que je vivais en Égypte, j'en avais fait l'expérience pour la première fois au Caire et surtout à Alexandrie. En marchant dans les rues de cette ville où les civilisations se superposent comme un mille-feuille, j'avais découvert la réalité de cette mémoire enfouie, invisible, omniprésente grâce à un petit guide de voyage écrit par Daniel Rondeau. On pouvait y lire cette formule que, depuis, j'emporte partout avec moi, comme un viatique : « Ce qui fut, n'est plus et pourtant demeure. » N'ayant rien à y faire de particulier, j'y revenais pourtant sans cesse. Ce qui m'attirait à Alexandrie, ce n'était pas simplement le souvenir de ce qu'avait été cette ville cosmopolite et francophone, méditerranéenne, brillante, tumultueuse. Je n'avais rien à voir avec cette histoire. Ce qui m'attirait, c'était le sentiment unique que me procurait ce souvenir et que l'on nomme mélancolie. Il se nourrissait de tout ce qui pouvait évoquer le passé : le nom des rues, dont les plaques étaient encore écrites en français, en italien, en arabe ou en anglais, les moulures de plâtre de style rococo qui tombaient en morceaux, de vieilles portes qui ouvraient sur des couloirs obscurs, des balcons, des volets décrépits, des ferrures rouillées. Depuis, j'étais hanté par le souvenir de cette mélancolie.

Tests sanitaires, certificats, passeport, tickets : tout était en règle. La guichetière m'indiqua un siège où je pris place. Assis à côté de l'énorme valise d'une jeune Anglaise, je songeais au petit déjeuner que j'allais bientôt prendre. J'avais faim.

En attendant que l'on nous conduise au bateau, je m'abîmais dans la léthargie où me plongent systématiquement les salles d'attente et les halls d'aéroports. Sous la lumière blanche des néons qui pendaient à des chaînettes accrochées aux poutres de métal, je voyais la grande salle se remplir progressivement de voyageurs hagards, somnolents, ébouriffés, chuchotant encore comme s'ils craignaient de sortir trop brusquement de leur sommeil. Puis, à travers les haut-parleurs, une speakerine nous invita à nous présenter à la douane. Tout le monde s'aligna en silence devant deux petites casemates de plexiglas.

On nous fit ensuite monter dans un bus. À l'autre bout du parking, le *Pont-Aven* nous apparaissait comme un immense vaisseau fantôme, tout auréolé de lumières électriques. Le bus s'arrêta au pied d'une espèce de rampe. Valise à la main, je l'empruntais et, lorsque j'entrais dans le bateau, je fus saisi par une impression de vide.

La dernière fois que j'avais pris le ferry, c'était pour aller d'Alger à Marseille. Le contraste entre le vieux bâtiment déglingué, rouillé tout plein de passagers et de bruit, et ce grand navire lustré et silencieux était frappant.

Personne dans les couloirs où le bruit de mes pas était absorbé par une épaisse moquette. Parfois, un membre de l'équipage, masque sur le nez, passait près de moi en frôlant les parois. Les bars étaient fermés, la salle de cinéma ne donnait plus de films : dans ce bateau aussi, l'épidémie avait imposé sa morosité. Çà et là, quelques voyageurs assis, en silence. Je montais sur le pont : le soleil brillait déjà, un vent piquant s'était levé et la baie s'était couverte de voiliers.

Plus bas, très loin en dessous de moi, les dockers soulevaient de lourdes haussières. Elles tombaient dans l'eau avec un bruit de serpillière puis étaient aspirées à bord en se tortillant comme des spaghettis.

Alors, dans un grondement, le *Pont-Aven* s'écarta du quai.

Il longeait l'île de Batz quand une longue ondulation, tout juste de la houle, le fit osciller d'avant en arrière. La vibration des machines se fit plus intense, les deux cheminées crachèrent un lourd panache de fumée jaunâtre et le bateau, tout frémissant, s'élança vers le large.

Le vent me chassa bien vite du pont supérieur. Je trouvais une place à l'arrière. Assis dans un recoin, bien à l'abri, les yeux posés sur le sillage hypnotique que les deux hélices traçaient dans l'eau, je me laissais aller à la contemplation bienheureuse de l'océan.

Parfois, nous croisions un cargo embarqué dans le rail d'Ouessant, la route maritime la plus empruntée au monde, qui conduit les bateaux à travers la Manche, d'Iroise à la mer du Nord. Depuis mon recoin il semblait tout petit, tout seul, et je savais bien qu'en réalité c'était un navire gigantesque : un supertanker, un porte-conteneur géant. Sa petitesse apparente soulignait l'immensité de la mer. Puis, un pétrel apparut : il était à hauteur de mon visage, presque à portée de main. Les ailes immobiles et pourtant volant à même allure que le paquebot, il nous escorta pendant quelque temps jusqu'à ce que, d'un simple battement d'ailes, il s'écarte et disparaisse. Ensuite, ce fut un petit bateau de pêche immobile, ballotté par les vagues comme un bouchon. Depuis les hauteurs des ponts supérieurs, le pêcheur en ciré jaune tirant ses filets ressemblait à une figurine dans un jeu d'enfant ; enfin, un catamaran, filant à l'équilibre sur son flotteur tribord, nous croisa comme une flèche. J'osais alors une tête hors de mon abri : les côtes anglaises se déployaient devant moi, toutes moutonnées, toutes vertes, avec parfois l'éclat bleu-gris d'un toit d'ardoises. Dans le sillon qui courait entre deux collines plus grosses que les autres se trouvait Plymouth.

La baie était barrée par une longue digue de béton sur laquelle je devinais l'éclat moussu des vagues. Derrière, un bateau de guerre tournait autour de sa bouée. Le *Pont-Aven* le passa lentement puis, très doucement, alla se placer sur le quai. Il y eut un « clang » sonore : la passerelle avait été descendue, nous allions pouvoir sortir. Cette traversée s'était déroulée sans heurt, comme tendue sur un fil de soie. En posant le pied à terre, j'eus l'impression de sortir d'un rêve.

La Cornouailles se tenait devant moi. Ce fut d'abord, un peu comme à Roscoff, la casemate d'un douanier, puis un parking désert que je traversais, courbé sous le poids de mes bagages, haletant, mais porté par l'espoir qui m'avait poussé à entreprendre cette traversée de la Manche.

Après l'Égypte, bien d'autres voyages m'avaient permis d'éprouver cet étrange sentiment découvert à Alexandrie.

Je l'avais retrouvé dans des endroits surprenants : en Patagonie, dans le Grand Nord canadien, au Sri Lanka, en Algérie... Dans chacun de ces endroits, des écrivains étaient passés avant moi, m'ouvrant les portes de cet étrange territoire de l'âme, qui n'est ni triste ni joyeux mais, précisément, mélancolique, où la rêverie engendre l'action, où la solitude n'est jamais pesante.

Dans les rues d'Oran et d'Alger, je m'étais nourri du souvenir d'Albert Camus, qui avait été le témoin vivant de la disparition du pays où il avait grandi ; à l'abri des murs de Galle, la vieille forteresse hollandaise qui tenait jadis la pointe sud du Sri Lanka, j'avais marché dans la poussière des ruelles, je m'étais reposé à l'ombre des manguiers où Nicolas Bouvier était devenu fou, perdu dans ce théâtre d'ombres, égaré entre les fantômes et les vivants ; dans la vallée du Yukon, j'avais voyagé à la suite de Jack London et de ces chercheurs d'or venus brûler leurs rêves de grandeur dans les immensités sauvages ; en Patagonie, avec Jean Raspail, j'avais pleuré la disparition des Indiens Alakalufs, détruits par la civilisation quand elle était arrivée au bout du monde.

Et lorsque j'étais revenu en Bretagne, j'avais découvert qu'elle est comme la Patagonie : son histoire est celle d'une disparition. C'est pourquoi les Bretons sont si rêveurs et si fiers. Ils sont hantés par la nostalgie de ce qu'ils auraient pu devenir.

2.

La menace kitsch

Au fil des siècles, tout ce qui fait une nation a disparu de Bretagne. Comme les murailles d'un château fort assiégé par un ennemi trop puissant, elle s'est écroulée par pans entiers. La première enceinte à avoir cédé est celle du pouvoir politique. Brisé par les coups de boutoir que lui portaient les rois de France, le duché de Bretagne avait reçu le coup de grâce le 28 juillet 1488, lors de la bataille de Saint-Aubin-du-Cormier, où les troupes royales ont écrasé la chevalerie bretonne et les soldats anglais, gascons, basques, espagnols venus lui prêter main-forte. Le mariage d'Anne de Bretagne avec deux rois de France et la dissolution du duché dans le royaume étaient venus ensuite comme tombe un fruit mûr. Après cette défaite, la Bretagne avait connu quelques soubresauts pour l'honneur : la chouannerie, cette grande révolte des campagnes contre les villes qui culmina, quand plus aucun espoir n'était permis, avec l'aventure épique et désespérée d'un petit Morbihannais obstinément acharné contre Napoléon Bonaparte et tout ce qu'il représentait : Georges Cadoudal. Bien plus tard, au XXe siècle, il y eut encore quelques attentats nationalistes dont l'inutilité soulignait, à chaque fois, l'absurdité.

En morcelant le duché en cinq départements, la Révolution avait préparé le chemin de la république qui, au milieu du XXe siècle, allait créer une région « Bretagne » amputée de la Loire-Atlantique : ultime démantèlement.

Après ce premier désastre, les autres pans de la nation bretonne s'étaient inéluctablement effondrés. La république était animée par la même volonté centralisatrice que la monarchie, mais, aidée par la technique toute-puissante, elle était autrement implacable.

D'abord, ce fut la culture du peuple qui tomba. Cet animal insaisissable, sauvage, sensuel qui vivait dans les âmes et se transmettait par la langue, les histoires et les œuvres de l'art populaire : les vêtements, les meubles de bois, les sculptures dans les églises, sur les calvaires et dans les cimetières, la musique. Au cours du XIXe siècle romantique, avide et décadent, cette flamme pure était devenue à la mode et, sous la houlette d'artistes et de savants, elle avait été codifiée, folklorisée, recopiée, systématiquement étouffée. Aujourd'hui, la défaite est totale : on pratique les danses traditionnelles sur le carrelage des salles de fêtes municipales, on écrit des prénoms sur des bols à oreilles.

Deux arcs-boutants soutenaient cette muraille. C'étaient la langue et la religion. Au début du XXe siècle, la culture populaire était déjà en état de mort cérébrale mais la langue et le catholicisme, qui s'appuyaient l'un sur l'autre, tenaient encore solidement. Ils résistèrent jusqu'aux années 1950 puis, d'un seul coup, s'écroulèrent. Les parents cessèrent de transmettre le breton à leurs enfants, les curés cessèrent de prêcher en breton et de prier en latin : le mystère se dissipa, les nefs de granit apparurent bien nues et bien grises, les églises se vidèrent et les émissions de télévision remplacèrent les veillées au coin du feu. Aujourd'hui, le catholicisme est mourant en Bretagne et le breton à l'agonie. Le vieux pays continue de disparaître sous nos yeux.

Que reste-t-il de la Bretagne ? Un exposé objectif consiste à dire qu'il s'agit d'une région administrative peuplée d'un peu plus de trois millions de personnes et composée de quatre départements : l'Ille-et-Vilaine, le Morbihan, les Côtes-d'Armor et le Finistère. Que cette région a pour capitale Rennes mais que son dynamisme repose sur un maillage très dense de villes moyennes comme Vannes, Lorient, Quimper, Brest, Morlaix, Lannion, Saint Brieuc… Que ces villes, fort bien reliées par un système de voies rapides, sont entourées de zones industrielles et commerciales reflétant la vigueur de son économie. Que la Bretagne est en outre, du fait de la beauté de son littoral, une des premières destinations touristiques de France. Que son agriculture est l'une des plus performantes au monde, bien que son modèle productiviste soit remis en question. Semblable exposé ne suffit pourtant pas à épuiser la matière car la Bretagne, c'est encore autre chose.

À vrai dire, plus ce qu'elle est – une région française comme les autres – tend à s'imposer sur ce qu'elle fut – un embryon de nation qui aurait pu être un État –, plus la Bretagne se détache du lot. Paradoxe apparent : malgré sa disparition, son identité est plus forte que jamais. Dans l'uniformité grisâtre de la société mondialisée qui est en train d'émerger sous nos yeux, ce besoin de s'enraciner dans une identité bien déterminée n'a en fait rien d'étonnant.

Mais la vraie question est là : alors que son territoire est amputé, sa culture figée, sa langue en train de disparaître, à quelle « identité » se raccrocher ? Combien de Bretons connaissent les paroles du *Bro goz ma zadou* qui est censé être leur hymne ? Combien savent pourquoi l'hermine est le symbole de la terre qu'ils habitent ? En réalité, la Bretagne est devenue un chapelet d'idées préconçues, toujours les mêmes : le drapeau noir et blanc, les crêpes, le cidre, le caramel au beurre salé, un marin-pêcheur en colère, des femmes au caractère bien trempé, des punks à chien, de l'alcool de mauvaise qualité en forte quantité, des rave-parties dans des champs boueux, des petits ports pleins de charme, des pulls marins, des élevages de porc, du soleil plusieurs fois par jour dans le pays où « il ne pleut que sur les cons », des kouign-amann luisants de beurre, etc. Mises bout à bout, toutes ces images composent un portrait de la Bretagne. Milan Kundera donne du kitsch la définition suivante : « Avant d'être oubliés, nous serons transformés en kitsch. Le kitsch, c'est la station de correspondance entre l'être et l'oubli. » Les crêpes, le cidre et le drapeau breton sont l'ultime expression kitsch de la Bretagne, avant totale disparition dans l'oubli.

Pourtant, quelque chose devait bien vibrer encore quelque part : c'est cela que j'avais recherché pendant plus d'un an. Cela pouvait être très vieux : il existe bien, dans certaines forêts des monts d'Arrée, des roches qui tremblent.

Lorsque j'entrepris cette quête, un seul espoir m'habitait, il provenait de ma méconnaissance de la Bretagne. J'avais décidé de m'y accrocher. Il s'agirait d'aller au-delà de la surface, du peu de ce que je connaissais et qui me faisait dire « J'aime la Bretagne », c'est-à-dire, en ce qui me concernait, une bande côtière profonde de quelques centaines de mètres, large d'une poignée de kilomètres, qui se trouvait quelque part dans le golfe du Morbihan. Pendant des années, mes rapports avec la Bretagne s'en étaient tenus à cela. Je crois bien que je n'étais pas le seul à dire « aimer la Bretagne » alors qu'en réalité je n'en connaissais qu'une plage, un port, un bar, une promenade au bord de la mer. Cette ignorance serait ma chance : je décidais de m'enfoncer sous l'épiderme, d'aller creuser dans les profondeurs de la terre pour tenter de découvrir, s'il était encore temps, ce qui, malgré tout, demeurait.

3.
Breton de nulle part

Je n'ai fait la découverte de mes origines bretonnes que tardivement et par hasard. Être breton, dans la famille où j'ai grandi, cela n'intéresse personne. On n'en parle jamais. J'ai appris que j'étais breton par la bande, vers l'âge de 15 ans. « Dieuleveult, c'est breton ça », m'avait annoncé un beau jour le père d'un ami, féru de généalogie. Je ne m'étais jamais posé la question d'être quoi que ce soit. J'étais né un 26 juillet et je savais simplement que c'était le jour de la sainte Anne, la grand-mère du Christ et, par extension, celle de tous les Bretons. Je passais mes vacances à Machecoul, Loire-Atlantique, capitale du pays de Retz et à Saint-Sulpice-des-Landes, Loire-Atlantique, capitale de rien du tout. Deux endroits que personne ne connaît ou, si vous les connaissez, qui ne vous inspirent probablement pas grand-chose et pourtant c'était de là que je venais si je devais venir de quelque part. Je vivais à Versailles.

Versailles, c'étaient des avenues rectilignes balayées par le vent, l'école, l'ennui. J'avais hâte de partir de là mais pour aller où ? Et voilà que j'étais breton. Il fallait bien que je le sois puisqu'on me le disait. Je ne savais pas bien ce que cela voulait dire mais je décidais fermement de le devenir, attiré confusément par le côté kitsch de la Bretagne, le seul qui me fut alors accessible depuis ma banlieue : les musiciens, les marins, la mer. Tout cela me paraissait infiniment plus attirant, plus racé, que cette ville humide où je grandissais parmi tant d'autres moi-mêmes qui semblaient tous destinés à finir comme leurs parents, employés de quelque multinationale, dans quelque tour vitrée de la Défense.

Ce que je savais de ma famille au fond, c'était peu de chose et cela provenait surtout de souvenirs d'enfant. Une histoire avait particulièrement frappé mon imagination. C'était celle du chevalier de l'an mil, « Guillaume Dieuleveult », banneret de cinquante lances qui, en 1096, était parti faire les croisades, en avait rapporté, frappées sur son écu, les armes que nous portions depuis : « D'azur à six croissants contournés d'argent, posés trois, deux et un, l'écu timbré d'un casque taré de profil, orné de ses lambrequins », assorties de cette devise en vieux français « *Diex el volt* ». On me la racontait parfois à l'heure du dîner et, tout en lapant ma soupe, j'admirais l'énorme chevalière d'or qui ornait la main gauche de mon père et se trouvait juste à hauteur de mes yeux, sur laquelle se déployaient les croissants de lune, la devise enrubannée, le heaume, les plumes et qu'il me laissait parfois saisir pour mieux l'admirer.

« Enfin les Dieuleveult, c'étaient surtout des cul-terreux », rigolait ma mère qui était bien plus chic que mon père puisqu'elle venait de Nantes. « Des hobereaux », corrigeait-il. La conversation s'était toujours arrêtée là. Il y a mille ans, un chevalier était parti faire la croisade, en était revenu, avait donné naissance à une longue lignée de cul-terreux dont j'étais le descendant. Voilà à peu près tout ce que je savais de mes origines.

À cette époque, on écoutait des CD. Je parvenais chaque mois à économiser les 120 francs qui me permettaient d'en acheter un, que je choisissais toujours avec précaution et que j'écoutais *ad libitum*. Mois après mois, depuis mes 12 ans, je composais ainsi ma petite bibliothèque musicale : Bob Dylan, The Velvet Underground, Neil Young, The Kinks, Sweet Smoke, Serge Gainsbourg, The Greateful Dead... Avec mes amis, nous étions assez bornés au sujet de la musique. Et voici qu'un jour je m'achetais un disque des Tri Yann. Je l'écoutais avec ferveur : sans que je sois capable de me l'expliquer, ces chansons m'ouvraient des horizons nouveaux, des sentiments étranges et familiers, qui résonnaient singulièrement au plus profond de mon cœur. La chanson « La découverte ou l'ignorance » avait été une révélation. « La Bretagne n'a pas de papiers / Elle n'existe que si, à chaque génération / Des hommes se reconnaissent bretons. »

Alors, je m'achetais un tee-shirt orné d'un énorme triskèle que j'exhibais dans les rues du quartier Saint-Louis, une sorte de Versailles dans Versailles. La consécration arriva avec le concert des Tri Yann, à l'Olympia. Ce soir-là, portant fièrement mon tee-shirt, je communiais à la foule, aux drapeaux noir et blanc, aux musiciens. À ce moment précis, sur le boulevard des Capucines, au cœur de Paris, nous avions tous, ensemble, quelque chose en commun. Nous étions tous bretons. Cette certitude ne m'a jamais abandonné.

Survint un problème. J'étais désormais breton, c'était entendu. Mais breton d'où ? L'honnêteté aurait dû me pousser à dire : breton de Versailles. C'était là que mes parents, arrivant de Nantes, s'étaient installés, où j'étais né. Après tout, je n'étais certainement pas le seul dans ce cas. Mais ce n'était évidemment pas une réponse acceptable.

Quand on est breton et qu'on ne vit pas en Bretagne, on affirme : je suis breton de tel endroit et on cite le lieu où l'on passe ses vacances. Locmariaquer, Loctudy, Sainte-Marine, Kersaint. Ça vous pose immédiatement votre breton. Je ne pouvais pas dire Machecoul, ou Saint-Sulpice-des-Landes, en Loire-Atlantique : on m'aurait ri au nez. Alors j'éludais, je disais : d'un peu partout, du Finistère, du Morbihan, ça dépendait.

Il paraît que la Bretagne est partout où sainte Anne, sa patronne, est honorée. Non loin de notre vieille maison de Saint-Sulpice-des-Landes, dans un lieu où la roche affleurait, où poussaient des chênes maladifs et quelques buissons d'ajonc, un de nos grands-pères, dont nul ne connaissait plus le nom, avait dédié une petite chapelle à sainte Anne. Nous nous y rendions parfois en pèlerinage. Il fallait d'abord traverser la ferme, remonter la « route des vaches » que nous appelions ainsi parce qu'elle était toujours parsemée de bouses craquelées que je m'appliquais à écraser de manière systématique : une fois la croute brisée, la merde fraîche remontait le long de mes petites bottes et les mouches que j'avais dérangées dans leur festin s'envolaient furieusement autour de mes mollets. Le pèlerinage durait une bonne quinzaine de minutes par la route où jamais ne passait de voiture.

Arrivés à hauteur du sanctuaire, nous nous engagions sous la voûte des vieux chênes et faisions notre prière : « Sainte Anne oh bonne mèèreuuuu, toi que nous iiiiimplorons, entends notre prièè-reuu et bééénis tees breuutons ! » Surmontant la statue de la mère de Marie, il y avait cette plaque : « Catholiques et bretons, toujours ! » Puis, nous rentrions pour prendre le goûter. Bretons ? Je crois que c'était si évident que personne n'en parlait jamais dans ma famille. J'appris bien plus tard que mon arrière-grand-père parlait aussi bien le breton – celui du Léon – que le français. Jamais je n'avais entendu mon grand-père en prononcer un mot. Mon père l'ignorait totalement. Les origines bretonnes de ma famille remontent à plusieurs siècles. Mais il avait suffi d'une génération pour que tout cela disparaisse.

En allant très loin dans le temps, ma famille est originaire de Normandie : notre nom apparaît pour la première fois quelque part du côté de Couterne, dans l'Orne. Il proviendrait d'une tradition viking : le cri de guerre « *Thor Aie* », qui signifiait « Dieu aide » et qui aurait été christianisé en « *Diex aye* », puis en « *Dieu sie* » et serait devenu, avant la première croisade, « *Diex el volt* ». On ne trouve pas trace de Dieuleveult en Bretagne avant 1586. À cette époque, Philippe-Emmanuel de Vaudémont, duc de Mercœur, gouverneur de Bretagne, avait convoqué le ban et l'arrière-ban de Carhaix pour faire la guerre au roi de France. Parmi tous ces petits nobles-là, il y avait un Dieuleveult. Comment était-il arrivé de Couterne à Carhaix, mystère.

Puis la branche normande s'était éteinte, les Dieuleveult s'étaient installés en Cornouaille. Il y avait eu un moine à l'abbaye de Langonet, un gouverneur de la forteresse des Essarts, en Vendée, un officier de marine, des avocats, des juges, quatre prêtres… Pendant deux siècles, ces Dieuleveult-là avaient vécu de part et d'autre de la Montagne Noire, entre Carhaix et Gourin ; certains avaient poussé jusqu'à Brest, d'autres avaient fait leurs études à Rennes. Ils avaient gardé leur nom français et s'étaient mêlés à la petite noblesse locale, nombreuse et désargentée. Mais ils étaient morts plus qu'ils ne s'étaient multipliés : au début du XVIIIe siècle il n'en restait qu'un, prénommé Jacques-François. Le 16 janvier 1799, à Lannion, son fils, François-Marie, avait épousé en secondes noces Céleste-Marie-Hyacinthe Le Gentil de Rosmorduc, et c'est de cette union que je descends.

Son portrait, une gouache assez malhabile réalisée pendant sa jeunesse, ornait jadis le salon de mon grand-père. C'était un modeste petit cadre ovale. Il représentait un jeune homme habillé à la mode de l'Ancien Régime, coiffé d'une perruque, poudré, pourvu de grands yeux ovales et doux, esquissant une sorte de moue qui semblait dire : « À quoi bon ? » François-Marie était médecin. Il s'était installé à Tréguier où il avait exercé toute sa vie. Il avait eu deux fils, Albert et Paul. Ils sont tous enterrés dans le cimetière de Tréguier, c'est pourquoi à la question « D'où viens-tu en Bretagne ? » j'aurais pu répondre : de Tréguier. Mais nul, dans ma famille, à part moi, ne semblait s'en soucier.

Ce pays dont je me revendiquais mais que je ne connaissais pas m'était pourtant bien plus familier que je ne le pensais : il constituait une part de moi-même. De manière silencieuse et inconsciente, d'une génération à une autre, quelque chose qui le composait m'avait été transmis. Cela expliquait mon attirance constante pour cette terre et ce sentiment immédiat, dès que je m'y trouvais, d'y être chez moi, à demeure.

Mais de quoi cette demeure était-elle constituée ? C'était cela qu'il s'agissait de découvrir. Les années passèrent sans que je puisse prendre le temps de la chercher. Et plus elles passaient, plus se renforçait, avec mon amour, cette obsession de la Bretagne. Il ne manquait qu'une occasion pour que je me mette enfin en quête. Elle me fut donnée par une épidémie mondiale.

4.
Partir en Bretagne

Au mois de mars, je m'étais retrouvé enfermé du jour au lendemain, avec ma femme et mes enfants, coincés tous ensemble dans notre appartement comme dans la cale d'un bateau, avec interdiction d'en sortir. Plus personne ne voyageait : j'avais dû abandonner un projet de séjour sur une île maudite de l'archipel des Caraïbes. Je songeais alors que, le monde s'étant singulièrement agrandi depuis que les avions avaient cessé de voler, je pourrais partir en Bretagne comme on va à l'autre bout de la planète. Sur le mur qui faisait face à mon bureau, la carte de Bretagne remplaça celle de l'île lointaine et mon esprit s'y projeta.

Très vite, je brûlais de partir à l'aventure. Dans la monotonie de cet interminable confinement, la Bretagne m'apparaissait plus que jamais comme un univers scintillant et joyeux, vibrant de promesses de liberté. Je m'y voyais, arpentant des forêts solitaires, dormant au bord de sentiers, marchant dans la bruyère ou sur des grèves battues par le vent, m'imprégnant de légendes, rêvant au pied de forteresses ou de vieilles croix, au creux de rochers moussus.

Quelques semaines plus tard, profitant de plusieurs jours de répit que me laissait mon travail, j'avais mis dans un sac à dos mes affaires de randonnée, une tente, de la nourriture pour plusieurs jours. J'étais monté dans ma voiture et, laissant derrière moi la ville, l'enfermement, l'ennui des mornes journées, j'étais parti.

Il faisait un temps radieux. L'autoroute qui mène vers l'ouest était déserte mais je roulais doucement, je n'avais pas envie de brusquer les choses. Je n'avais pas allumé la radio, je me laissais bercer par les vibrations de la voiture. Autour de moi, tout était vide. Parfois, je doublais un camion solitaire.

Le programme de ces premiers jours de voyage était assez clair : avant de m'enfoncer dans la profondeur du vieux pays, j'avais décidé d'en éprouver les contours. J'avais l'intention d'explorer la Bretagne comme on visite une maison, de la cave au grenier. Mais je voulais d'abord sonder les murs qui protègent cette maison, ses frontières. Au nord, à l'ouest et au sud, elles sont très clairement délimitées par la mer. Mais à l'est, c'est autre chose. Sur la carte accrochée au mur de mon bureau, la Bretagne me faisait l'effet d'un mollusque : comme une bernique à l'abri de sa coquille bien close, elle était protégée de toute part, à l'exception de son ventre. C'est ce ventre que je voulais d'abord tâter.

Auparavant, je devais faire une étape. Il y avait près du Mans, à La Flèche, un vieil homme que je voulais voir avant de me lancer dans cette aventure. Il s'agissait du petit frère de mon grand-père, mort il y a longtemps, emportant avec lui bien des mystères concernant ma famille. Je le connaissais à peine, mais il était désormais pour moi l'ultime lien me rattachant à mes ancêtres bretons. J'attendais de cette rencontre une sorte d'adoubement qui me paraissait nécessaire.

Sa maison était perdue parmi d'autres maisons, au milieu d'une longue rue rectiligne. Je sonnais. Une vieille femme radieuse – ma tante – m'ouvrit. Elle me conduisit à mon oncle qui était dans le salon, debout devant la cheminée : il m'attendait. Bien qu'il ait dépassé les 90 ans, il semblait solide comme un houx. Nous nous étions assis l'un en face de l'autre, ma tante m'avait servi un verre d'eau pétillante puis elle était venue prendre place à ses côtés. Alors, plantant ses yeux bleus dans les miens, il s'était enquis de ce qu'il pouvait faire pour moi. Je lui demandai de me parler de mon grand-père, son frère, puis de leur père et de leur grand-père : où avaient-ils vécu ? Que faisaient-ils ? Parlaient-ils le breton ? Il me répondait, comme le font souvent les personnes âgées, par des anecdotes. Ces souvenirs insignifiants en apparence, ces plaisanteries surannées faisaient revivre un monde dont j'ignorais tout : de vieilles demeures établies dans le pays du Léon ou de Tréguier, une vie simple, rurale, paisible, oisive, quelques coups d'éclat dont on s'était longtemps transmis le souvenir mais qui avaient pali sous les lumières artificielles de la modernité. Il ne sert à rien de les retranscrire ici, cela soulignerait leur futilité. Mais à mes yeux, cette chaîne fragile, dont mon oncle était le dernier maillon, était d'une grande valeur.

Avant de partir, mon oncle me remit deux ouvrages qu'il avait consacrés à notre famille. C'étaient des documents imprimés artisanalement, reliés à la main. Je lui promettais de les lire, les posais dans le coffre et démarrais. Ma voiture s'engagea dans la longue rue déserte. Dans mon rétroviseur, je voyais le vieil homme et sa femme, debout devant la porte de leur maison, qui me regardaient. Avant de disparaître, je passais le bras par la fenêtre, je ne sais s'ils me rendirent mon salut.

Désormais, ce qui m'attendait, c'étaient des jours pleins de solitude, de silence et de liberté.

Vers la fin de l'après-midi, j'étais quelque part au nord de Nantes, non loin de Châteaubriant, dans le bocage profond et familier de Saint-Sulpice-des-Landes. Je traversais le village. De l'autre côté, après un calvaire, au bout d'une route bordée de haies et d'un bois de chêne, perdue au fond d'une marée d'herbe d'où émergeaient de grands arbres vénérables, se tenait la vieille maison de ma famille. Je poussais la porte : elle était vide, silencieuse et obscure.

En préparant ce voyage, j'avais découvert que ce coin de campagne isolé, où j'avais passé une partie de mon enfance, se trouvait précisément sur l'antique frontière de Bretagne, dans cette zone mal définie que l'on appelle les marches et que j'avais décidé d'explorer. Je me souvenais qu'enfant, dans ma famille, personne n'était vraiment capable de dire où nous nous trouvions : était-ce la Bretagne ? L'Anjou ? La Mayenne ? Cette confusion était révélatrice de la zone grise dans laquelle était tombé notre rapport à la Bretagne. Mais elle était aussi à l'image de cette frontière qui a été tracée par l'histoire et que ni le paysage ni l'architecture ne délimitent précisément.

Alors que le soleil se couchait, je m'asseyais dehors. Une odeur d'herbe fraîche et de foin humide s'élevait de la prairie. Le ciel faisait au-dessus de ma tête une cloche immense et bleue. Je pensais à la déesse de la Nuit des anciens Égyptiens et je les enviais de se coucher, chaque soir, sous le corps parfait de cette femme céleste.

Je dormis très mal. J'étais trop énervé. Au moindre chuintement de la maison j'ouvrais grand les yeux, scrutant les ténèbres. Perdu au fond de mon lit, je retrouvais mes souvenirs de petit enfant, lorsque mes parents me disaient d'aller dans ma chambre et que je devais monter tout en haut, au grenier, dans les chambres des anciennes bonnes, loin des bruits et des voix rassurantes des grandes personnes, tout seul au bout du vieux couloir mal éclairé, plein de recoins, de malles, de pièces obscures, d'armoires entrouvertes. Je m'allongeais alors dans le grand lit glacé, les vieux draps étaient rêches, je me recroquevillais et demeurais immobile, attendant que les couvertures se réchauffent. Et lorsque je dépliais un peu les jambes, c'était glacé de nouveau. Quand j'éteignais la lumière, la pénombre et le silence s'emparaient de la pièce ; terrifié, redoutant le sommeil, j'attendais désespérément que, par les volets grands ouverts, entrent les premières lueurs de l'aube qui apaiseraient enfin mes terreurs de petit garçon.

Au printemps, le soleil revient tôt dans le ciel. Il commençait à faire pâlir la nuit quand la sonnerie de mon réveil me tira du sommeil des insomniaques, lourd, encombré de rêves étranges. Je reprenais la route.

Je traversais des villages déserts, silencieux, confinés. Cela donnait encore plus de prix à la liberté que je m'étais octroyée. Parfois, je croisais un tracteur ou une camionnette, mais le reste du temps j'étais comme un voyageur solitaire dans un pays abandonné. J'allais vers le nord, suivant un chapelet de châteaux, de places fortes, de donjons. Après Châteaubriant et La Guerche, j'arrivais à Vitré, de là, je gagnais Saint-Aubin-du-Cormier.

L'endroit précis que je cherchais se trouvait un peu à l'écart de la ville. Rien ne l'indiquait sur ma carte et, suivant les indications que m'avait données une passante, je m'égarais dans une zone commerciale puis, franchissant un pont au-dessus d'une autoroute, m'engageais sur une route nationale quand je vis, sur la droite, un discret panneau indiquant « monument aux Bretons ». Je me garais sur le bas-côté. Le monument se trouvait de l'autre côté d'un fossé, il était adossé à un rideau d'arbres, au fond d'une pelouse. Le silence du lieu était troublé par le grondement de l'autoroute, toute proche, et par le mugissement de 33 tonnes qui passaient à toute vitesse sur la route nationale. J'étais seul.

Le « monument aux Bretons » était une sorte d'autel de granit. Un écu semé d'hermines y avait été gravé, il était surmonté d'une lourde croix de pierre. Sur l'autel, des plaques de bronze rendaient hommage « aux 800 soldats du Saint-Empire, qui succombèrent ici pour la Bretagne » ; « aux 500 archers anglais qui versèrent leur sang » ; et, surtout, « aux 6 000 combattants bretons morts en ce lieu pour l'indépendance et l'honneur de la Bretagne, le 28 juillet 1488 ». En déposant mon sac à dos par terre, je songeais que la bataille avait eu lieu deux jours après la sainte Anne.

Je m'étais procuré dans une station-service de Vitré un de ces minidrapeaux bretons enfilés sur un fil de fer et surmontés d'une similipointe de lance en plastique doré. Animé par une sorte de romantisme au petit bras, j'avais l'intention de déposer ce drapeau au pied du monument mais, en y arrivant, j'avais découvert que j'étais loin d'être le seul à avoir eu cette idée. Au pied de l'autel se trouvait toute une accumulation hétéroclite d'objets de dévotion : des vierges de Lourdes, des crucifix, des bougies à demi consumées et, dans l'herbe, toute une ribambelle de petits drapeaux noir et blanc. Le plus ancien était couvert de mousse. Je plantais le mien à ses côtés.

Certains historiens contestent l'importance historique de l'affrontement de Saint-Aubin-du-Cormier : plutôt que le chant du cygne du duché de Bretagne, ils y voient une bataille entre grands seigneurs, au crépuscule de la féodalité, et rappellent que, dans les rangs « bretons » qui s'opposaient au roi de France, Charles VIII, se trouvait un futur roi de France, Louis d'Orléans, qui deviendrait Louis XII.

Mais à mes yeux, ces petits drapeaux plantés dans l'herbe, ces bougies noyées par la dernière averse, ces vierges de plastique renversées par le vent signifiaient bien autre chose : ils exprimaient humblement la permanence d'une mémoire, ils étaient la preuve que le souvenir de la Bretagne était toujours bien vivant. Ils m'encourageaient à aller de l'avant.

Avant de reprendre la route, j'étais revenu dans le village pour admirer les ruines du vieux château de Saint-Aubin-du-Cormier. Il avait été construit au XIIIe siècle par le duc Pierre Mauclerc pour défendre l'accès à Rennes. Près de deux siècles plus tard, alors que l'artillerie était en train de révolutionner l'art de la guerre, ses murs de plus de trois mètres de large n'avaient pas pu contenir l'assaut de l'armée royale. Mais il n'avait pas été entièrement rasé : une partie de son donjon se dressait toujours dans le ciel. À son pied, au bord d'un étang, j'avais été intrigué par une de ces sortes d'ouvrages de goût douteux que l'on trouve parfois dans les petits villages de campagne, quand ils ne sont pas cantonnés sur les ronds-points. Il s'agissait d'une série d'épées d'acier plantées dans le sol. Sur chacune de ces épées était gravé le nom d'une des forteresses qui tenaient jadis les marches de Bretagne : Machecoul, La Bénate, Ancenis, Châteaubriant, Combourg... Au second plan, l'artiste avait planté dans le sol trois épées plus lourdes et plus hautes : Nantes, Rennes et, dans un clin d'œil appuyé au chauvinisme local, Saint-Aubin-du-Cormier. Au pied de ces épées serpentait un ruban de fer : il symbolisait la frontière du duché de Bretagne avec la France.

Cette frontière est le fruit de siècles de rivalités et d'alliances, de batailles, de trafics ; elle raconte la naissance, l'apogée et la disparition du duché de Bretagne ; elle existe toujours : la séparation administrative entre la Loire-Atlantique et l'Ille-et-Vilaine d'une part et la Vendée, le Maine-et-Loire, la Mayenne et la Manche d'autre part suit très exactement le cours sinueux de son histoire.

5.
Histoire de la frontière

Pour comprendre comment cette frontière s'est établie, il faut remonter plus de deux millénaires en arrière et s'arrêter avant la conquête de la Gaule par les Romains.

Cinq grandes tribus celtes se partageaient alors l'Armorique : les Osismes à l'ouest, les Coriosolites au nord, les Redones à l'est, les Vénètes et les Namnètes au sud. La répartition de ces cinq grandes tribus correspond, de manière assez frappante, à la division actuelle de la Bretagne en cinq départements. Après avoir lutté farouchement contre lui, ces tribus avaient plutôt bien accueilli le nouveau maître de la Gaule qui, aux alentours du IIIe siècle, afin de protéger cette province des pirates francs, avait fait appel à des soldats venus de l'île de Bretagne. Ces Bretons avaient fait souche dans ce pays qui ressemblait singulièrement au leur et, alors que l'Empire romain s'écroulait, les liens se faisaient de plus en plus étroits entre les côtes nord et sud de la Manche.

C'est ainsi que le catholicisme, arrivé grâce à l'Empire jusqu'aux brumes de la Grande-Bretagne, avait franchi à nouveau la Manche et s'était implanté, en même temps que les Bretons, aux confins de l'Armorique. Jusqu'au bout, ce peuple était resté fidèle à l'Empire : en 451, il se portait aux côtés du dernier des Romains, le général Aetius, pour vaincre Attila et les Huns aux champs Catalauniques. Un quart de siècle plus tard, c'était la chute de Rome et, alors que des tribus plus ou moins romanisées, plus ou moins christianisées, se partageaient la Gaule, un peuple barbare et païen faisait son arrivée sur son territoire : c'étaient les Francs.

Cette barbarie, ce paganisme représentaient une chance : l'Église de Rome se cherchait un allié neuf pour contrer l'influence des tribus acquises aux hérésies chrétiennes de l'époque. Elle fit alliance avec les païens lors du baptême de Clovis, en 496. Mais à l'ouest du royaume que ce jeune roi se constituait à coups de hache et de ruse, les troupes franques, bras armé du catholicisme, se heurtaient à d'autres guerriers eux aussi fidèles au Christ. Pour contenir leur expansionnisme, elles avaient constitué un premier ensemble de forts, de portes et de guets : l'embryon de la frontière.

Ces « guerches », d'un vieux nom germanique signifiant « ouvrage défensif » et dont la toponymie a conservé le souvenir – La Guerche-de-Bretagne –, gardaient les points de passage. Par-delà, c'était la forêt, le désert (autre nom fréquent sur les cartes), qui isole et protège, où il est dangereux de s'aventurer.

Pendant plusieurs siècles, Bretons et Francs ont probablement vécu ainsi, se faisant face plus ou moins belliqueusement, de part et d'autre de cette large région confuse qui correspond aujourd'hui à ce qu'on appelle la haute Bretagne, c'est-à-dire l'est du Morbihan, l'Ille-et-Vilaine et la Loire-Atlantique. Avec Pépin le Bref puis Charlemagne, au VIIIe siècle, le retour d'un État puissant est marqué par la volonté d'en tenir les limites. C'est la création des marches de l'Empire : des zones tampons destinées à contenir les assauts des peuples insoumis.

Dans un texte de 778, le comte Roland – celui de Roncevaux – est désigné par le titre de « préfet de la marche de Bretagne ». Après sa mort, l'histoire de la marche reste rythmée par les batailles entre troupes franques et bretonnes, les escarmouches et les razzias. En 831, Louis le Pieux, le fils de Charlemagne, décide de confier la tenue de la marche à un Breton du nom de Nominoë. Dans ce moment fondamental, il offre à ce peuple trop à l'étroit dans la péninsule la possibilité de gagner enfin des territoires vers l'est.

Cela se fera très vite, au fil de batailles qui ont marqué le passage de cette courte mais décisive lignée de chefs bretons. En 851, à l'issue d'une série de défaites, le roi Charles le Chauve concède à Erispoë, fils de Nominoë, les comtés de Rennes, de Nantes et le pays de Retz, qui doit déjà sa grande richesse au commerce du sel, récolté dans les marais. Le traité d'Angers fixe ainsi, de manière quasi définitive, les frontières de la Bretagne. Charles le Chauve donne à Erispoë le titre de roi, mais c'est un roi subordonné à la couronne carolingienne. Un mariage entre le fils du roi franc et la fille du roi breton est prévu pour sceller cette paix.

Cependant, Salomon, le cousin d'Erispoë, ne l'entend pas de cette oreille : il le tue et poursuit ses conquêtes vers l'est. En 867, Salomon possède le Cotentin et une partie de la Mayenne. Son assassinat, en 874, marque la fin de cette première dynastie. Les Vikings stoppent cet expansionnisme, la Bretagne reflue jusqu'aux limites fixées par le traité d'Angers.

Malgré l'éclatement de l'Empire carolingien et la naissance du système féodal, la frontière reste stable mais elle est constamment ravagée par la guerre.

Au cours du XIe siècle, un formidable réseau de forteresses, de mottes, de simples buttes de terre, est construit de part et d'autre. Pour se protéger des Normands, des Angevins, des Poitevins, la Bretagne s'est dotée de neuf baronnies vassales des comtes de Rennes et de Nantes. Ce sont Combourg, Fougères, Vitré, La Guerche, Châteaubriant, Ancenis, Clisson, La Bénate et Machecoul. À chaque fois, un puissant château.

À l'abri de cette solide ceinture de pierre, le pouvoir breton ne parvient pas à se stabiliser. De brèves lignées de ducs émergent puis disparaissent. La Bretagne n'est pas isolée, elle est influencée par des luttes de pouvoir qui la dépassent, notamment celles qui opposent les Capétiens aux Plantagenêts. Au XIIe siècle, Henri II de Plantagenêt parvient à l'incorporer à son vaste empire, qui va de l'Angleterre à l'Aquitaine *via* la Normandie et l'Anjou. Mais au fil des alliances et des guerres, la Bretagne finit par retomber dans l'orbite des rois de France.

En 1213, Philippe Auguste marie Alix, petite-fille du duc Conan IV, à Pierre de Dreux, l'arrière-petit-fils du roi Louis VI. L'alliance est nouée à Paris. Quelques années plus tard, le pape puis le roi de France reconnaissent à Pierre de Dreux le titre de duc. Les Bretons sont désormais gouvernés par des Capétiens. Ceux-ci se montrent à la hauteur de leur famille, posant petit à petit les fondements de ce qui aurait pu devenir un véritable État breton. Mais ils ont les yeux tournés vers le brillant royaume de France dont ils cultivent les mœurs, les arts et la langue.

Pierre de Dreux apporte avec lui en Bretagne les armes de sa famille : un échiqueté d'or et d'azur à la bordure de gueule auquel, comme il est alors d'usage pour les cadets, il ajoute un franc quartier d'hermine. C'est donc ainsi, par les Capétiens et suivant une coutume répandue alors à travers l'Europe chrétienne, que l'hermine fait son arrivée en Bretagne.

Environ un siècle plus tard, le duc Jean III décide de se débarrasser des armes de la famille de Dreux : l'hermine occupe dès lors tout l'écu des Capétiens de Bretagne, qui s'émancipent de ceux de France. Elle devient le symbole d'indépendance face au pouvoir central qu'elle est encore aujourd'hui.

Ces velléités d'autonomie se heurtent pourtant de plus en plus durement à la puissance du royaume de France. Sous le règne de François II, le dernier des ducs, l'État de Bretagne a atteint son niveau de développement le plus abouti. Le duc dirige une administration complexe, exerce les pouvoirs législatifs et militaires, bat sa propre monnaie, refuse de rendre hommage aux rois Louis XI, puis Charles VIII. Mais la Bretagne n'est plus de taille à lutter contre la France.

Le 28 juillet 1488, c'est la défaite de Saint-Aubin-du-Cormier : l'armée française écrase les troupes de François II. Le duc n'a pas de fils : par traité, le mariage de ses héritières est soumis au consentement du roi de France. La duchesse Anne se marie donc successivement avec Charles VIII et Louis XII. Deux filles naissent de cette union dont Claude, qui sera donnée comme épouse au futur François Ier. Le 26 juillet 1547, jour de la sainte Anne, à Reims, le sacre de leur fils Henri parachève l'intégration du duché de Bretagne au royaume de France.

6.

Le pays entre les marais

Quelques heures après avoir quitté Saint-Aubin-du-Cormier, j'étais en vue de la baie du Mont-Saint-Michel. Les hôtels étaient fermés et j'avais loué une chambre dans une maison située juste au bord du marais de Dol, tout près des premiers polders. J'y arrivais en fin de journée, garais ma voiture sur un parking « végétalisé », où quelques tilleuls chétifs tentaient de se tenir droits malgré les bourrasques. Saisissant mon sac, je jetais un coup d'œil au marais qui, dans la pénombre, s'étendait jusqu'à l'infini, quadrillé de peupliers immenses dont les branches se balançaient langoureusement dans le vent.

Le lendemain matin, par la fenêtre ouverte, je voyais rouler dans le ciel le ventre rond de gros nuages parfois gris perle, parfois d'une blancheur éblouissante. Ce ciel tout bas, tout proche, pâle et frais à force d'être lavé par les eaux, où patrouillaient ces lourds nuages sévères, barré çà et là de rideaux de pluie – depuis ma chambre, je devinais une bonne averse franche et massive, qui vous trempe d'un coup, sans faire de manières – j'en respirais avec gourmandise l'air humide et tiède, lourd du parfum terreux des champs, relevé par l'odeur acide des feuilles de peuplier trempées par la rosée. Tout cela me rappelait un autre marais familier.

Une route longeait le parking et s'enfonçait dans les marais. J'avais emporté avec moi une paire de chaussures de marche et, les mains dans les poches de mon vieux manteau, je partais « à la découverte d'une région vraiment unique », comme l'affirmait le dépliant touristique que j'avais trouvé dans ma chambre.

Dans ces pays plats, la moindre butte se voit de loin. La route me conduisait à l'une d'elles : un grand trait qui barrait l'horizon d'est en ouest. Ce trait, m'apprenait la brochure, était une digue bien ancienne, élevée aux alentours du XIe siècle, à laquelle on avait donné le nom de « digue de la duchesse Anne ».

Du côté sud de la digue, des terres extrêmement riches, gorgées d'alluvions, qu'elle protégeait des marées et des divagations du Couesnon, indolent cours d'eau incapable de fixer son chemin dans les vases de la baie du Mont-Saint-Michel et qui, dans ses errances, a marqué pendant des siècles la frontière entre les duchés de Bretagne et de Normandie. C'est dans cette zone confuse, gagnée sur la mer au fil des siècles, que s'est finalement figée la limite entre les deux provinces, le long d'un ancien tracé du

Couesnon aujourd'hui matérialisé sur les cartes par des pointillés serpentant entre les champs pour marquer la séparation entre l'Ille-et-Vilaine et la Manche.

Quant au fleuve, canalisé au milieu du XIXe siècle, il coule bien nettement, plus à l'est, en direction du Mont. C'est son ancien tracé, le cours oublié du Couesnon, que je voulais retrouver ce matin.

Arrivé à hauteur de la digue, je quittais la route de bitume et m'engageais sur la droite : un chemin de terre courait sur la butte, entre deux rangées de peupliers. Je ne savais pas où ni comment cette frontière administrative allait se révéler à moi mais, en attendant, poussé par le vent d'ouest, je me laissais aller au plaisir de la marche.

Parfois, une rafale rabattait le capuchon de mon manteau sur ma tête. Indifférent aux flaques d'eau, je marchais tout droit, à grandes enjambées, et les arbres défilaient lentement à mes côtés. De part et d'autre, c'était le même paysage, interminable, qui semblait immobile : des champs, des fossés, de l'herbe et de l'eau, le ciel. Rien de tout cela ne paraissait bouger. Les brefs coups d'œil à ma carte me confirmaient dans ce sentiment : au bout d'une heure, je n'avais franchi qu'une toute petite distance. C'était comme si je marchais sur un tapis roulant, au milieu d'un pays élastique, qui s'étirait au fur et à mesure de mon avancée.

Traversant cette monotonie, il y avait un trait invisible qui séparait deux géographies et deux histoires : d'une part la Normandie, de l'autre la Bretagne. D'un côté, opulence et mélancolie, de l'autre, obstination et âpreté. Je voulais faire comme les enfants qui jouent à mettre leurs pieds des deux côtés d'une frontière lorsqu'on passe dans un autre pays, le gauche est en France, mais pas le droit. Je mets les deux pieds du côté droit : je suis dans un autre pays ; je mets les deux pieds du côté gauche, je suis chez moi. Rien ne change, c'est la même herbe que je foule, le même air que je respire et pourtant tout change, car au-delà de cette ligne impalpable s'étend un pays inconnu, plein de mystères et de promesses.

Remisant ma carte, je m'abandonnais à ce paysage uniforme. Il arrive parfois, quand on marche seul, que l'esprit se grise au rythme des pas. C'est ce qui m'arriva ce matin-là sur ce chemin infini où j'allais le cœur léger, la tête pleine de songes. Mais au lieu de me couper du monde qui m'entourait, ma rêverie y revenait constamment : se nourrissant de ce vent, de ces champs, de ces flaques d'eau, elle m'emportait par-dessus la Bretagne tout entière vers un autre marais, sur les rivages duquel une part de mon enfance est restée à jamais suspendue.

C'est une vaste étendue solitaire, battue par le vent, gorgée d'eau en hiver, desséchée en été. Elle s'appelle « Marais breton » et s'étend au sud de Nantes, au bout de la baie de Bourgneuf, dans une grande cuvette au fond plat, autrefois occupée par la mer, bordée par une série de villages débonnaires dont j'ai toujours aimé égrener les noms : Beauvoir, Bouin, Les Moutiers, Bourgneuf, Saint-Cyr, Fresnay, Machecoul…

De tous ces bourgs modestes du sud de la Loire-Atlantique, avec leur Super U, leurs toits de tuiles, leur église de style néogothique flamboyant, c'est Machecoul que je connais le mieux. Non par choix mais parce que la famille de ma mère y était installée depuis des générations. Bien qu'ayant grandi en région parisienne, j'y avais été élevé comme si nous n'avions pas vraiment quitté le pays nantais, et c'est à Machecoul que s'étaient écoulées la plupart de mes vacances d'enfant et d'adolescent. D'abord dans l'ennui des salles de jeu et des greniers, des tables de ping-pong au fond de granges humides, des cabanes bancales dans les recoins du parc, des vélos constamment crevés, du goûter attendu comme le meilleur moment de la journée.

Puis il y avait eu un déclic. C'était arrivé vers mes 10 ans. Mes parents, comme la multitude de mes oncles et tantes, avaient quitté la grande maison familiale pour restaurer une ferme. Nous avions pour voisin un gros bonhomme courtaud, rouge et fort comme un bœuf, qui avait mon admiration car il était conducteur de pelle mécanique. Je me rendais souvent en cachette au fond du champ qui bordait sa maison pour admirer la splendide machine jaune dont le bras, couvert de boue, reposait lourdement sur le sol. C'est ainsi que j'avais fait connaissance de son fils. Il s'appelait David et devait avoir une ou deux années de plus que moi. David m'avait proposé d'aller à la pêche, dans le marais.

Je n'étais jamais allé seul dans le marais mais il m'était pourtant familier. Bien qu'invisible, sa présence muette, par-delà le rideau de la dernière haie du bocage, se faisait constamment ressentir : par le vent d'ouest qui battait furieusement nos maisons les jours de tempête ; par la trompeuse immobilité de l'eau dans les fossés ; par les oiseaux qui le rejoignaient le soir et passaient au-dessus de nous en silence dans les lueurs du crépuscule.

Un beau jour d'été, David m'attendait au bout du chemin. Il avait accroché au cadre de son vélo deux cannes à pêche télescopiques et portait en bandoulière une sacoche remplie de tout un matériel extraordinaire : des hameçons, des lignes, des bouchons, des pinces, des vers dans un bocal empli de sciure. J'étais monté sur mon vélo et je pédalais derrière lui. L'entrée des marais se faisait par un vieux pont de pierre que l'on appelait le « pont de la Gravelle ». C'était la seule montée et la seule descente de tout le pays. Au-delà, une route filait vers l'horizon, toute droite, bordée par deux grands étiers où flottaient des lentilles d'eau.

Nous nous étions arrêtés sur une passerelle de bois : le courant s'écoulait paresseusement à nos pieds. Il y avait, de part et d'autre, des bouquets de roseaux où se cachaient les foulques ; un saule était taillé en émondes. Ma mère m'avait donné une bouteille d'orangeade. Le ciel était immense, très doux, brillant de ce bleu très pâle et particulier, un bleu d'eau et de vent que j'avais retrouvé ce matin dans le marais de Dol. Je me souviens du premier poisson-chat que j'ai attrapé ce jour-là, de son corps luisant et plein, musclé, gluant, que j'avais extirpé des mystérieuses profondeurs de l'étier. Je l'avais mangé le soir même, plein de joie et de fierté, revenu à la poêle dans un peu de beurre et de farine, comme me l'avait conseillé David.

Mon bonheur tenait autant au morceau de poisson-chat frit que ma mère avait déposé dans mon assiette qu'à un parfum de liberté que je venais de découvrir. Tout un monde me séparait de David. Je l'avais un peu revu aux grandes vacances de l'été suivant, puis j'avais cessé d'aller à la pêche avec lui. Mais il m'avait ouvert les portes d'un nouveau royaume ; un royaume désert et venteux, humide et solitaire où je passais désormais l'essentiel de mon temps, pêchant l'été, chassant l'hiver, rêvant, errant longuement dans les prés ; m'initiant à la mystérieuse cartographie des fossés et des planches que les paysans posaient au ras de l'eau pour les franchir.

Au cours de ces longues promenades, je grandissais tout seul. Je devenais romantique, j'emportais dans ma poche des livres de poésie, je m'asseyais au pied d'un vieux frêne et j'en feuilletais les pages, murmurant dévotement mes passages favoris en admirant les nuages. Puis je posais ma tête sur la vieille écorce grise et me laissais aller à la rêverie. C'est ainsi que ce marais mélancolique est devenu une part de moi-même.

Un de ces étiers, un peu plus large, un peu plus profond que les autres, est un fleuve : il a pour nom Falleron. Comme le Couesnon, il serpente à travers les marais avant de se jeter au fond d'une baie envasée et, comme lui, il a fait pendant des siècles office de frontière, d'abord entre les provinces de Bretagne et du Poitou puis, depuis la Révolution, entre les départements de Vendée et de Loire-Inférieure, qui deviendrait, en 1957, la Loire-Atlantique.

Entre le Falleron et le Couesnon, le long d'un arc de cercle traversant un pays dénué de limites naturelles, se trouve la frontière qui sépare la Bretagne du reste de la France.

7.

Le château de Machecoul

Quelques mois après cette promenade dans les marais de Dol, je profitais d'un bref séjour chez mes parents pour rendre visite à celui de mes oncles qui avait hérité du vieux château de Machecoul.

Il habitait la maison construite, au début du XIXe siècle, par le démolisseur à qui l'on avait permis de transformer la citadelle en carrière de pierre. L'homme avait eu la main lourde et il s'en était fallu de peu qu'il ne rasât entièrement le château. Il en restait tout de même d'impressionnants vestiges, de hautes tours médiévales que l'on m'avait toujours désignées comme étant le « château de Gilles de Retz ».

Mon oncle me reçut avec une bonhomie familière. Les murs de son bureau étaient couverts de livres consacrés à la passion qu'il s'était découverte pour ce tas de pierre depuis qu'il en était devenu propriétaire. Entre deux rayons, il saisit le fer d'une hache de marine viking qu'il avait retrouvée sur les rives du Falleron, à deux pas de là, et me la tendit.

Sa forme était parfaite. Je passais le doigt sur son fil : plus de mille ans après qu'elle avait été abandonnée dans la vase, il tranchait encore. Muettement, de manière moins spectaculaire que les tours médiévales qui s'élevaient derrière la maison de mon oncle, elle témoignait de l'histoire de cet endroit en apparence insignifiant : ce petit cours d'eau qui longe désormais un camping à l'entrée de Machecoul, ç'avait été une frontière gardée par cette forteresse, une importante voie de commerce pour le transport du sel, l'or blanc essentiel à la conservation des aliments, qui s'exportait dans toute l'Europe.

Comment cette hache était-elle arrivée là ? Par un matin brumeux, était-elle tombée d'un drakkar qui remontait le Falleron en silence pour prendre Nantes à revers ? Ou bien, son propriétaire était-il un de ces Vikings qui, à la fin du IXe siècle, commençaient à prendre souche sur les bords de la Loire ? Avait-il été tué au cours d'un combat ? J'enviais mon oncle de posséder un tel objet. Nous avions enfilé nos bottes, il m'avait emmené visiter ses ruines.

Le château, m'expliquait-il, avait été construit vers le milieu du XIIIe siècle, par Pierre de Dreux. Comme d'autres forteresses bretonnes telles que Châteaubriant ou Suscinio, il s'inspirait d'un modèle que les Capétiens avaient déjà solidement éprouvé. Au pied des vieux murs, les douves étaient encore pleines. Des canards singulièrement peu sauvages nous suivaient en cancanant. Il me montrait, à l'angle d'une de ces tours, les meurtrières à partir desquelles les soldats tenaient en respect les bateaux chargés de sel qui remontaient le Falleron. Les galets dont le sol était pavé par endroits étaient des pierres de lest provenant de navires envoyés par la ligue hanséatique ; des fossés indiquaient qu'au XVIIe siècle le château avait été entouré d'une forteresse bastionnée en forme d'étoile. Une carte qu'il avait retrouvée dans les archives à Vincennes montrait à quel point la forteresse était puissante à l'époque. Pendant les guerres de Vendée, elle avait été l'objet de luttes acharnées entre les républicains et les royalistes de Charette.

Tout cela reposait désormais sous nos pieds ; des saules et des frênes poussaient au bord des fossés qui avaient été témoins de terribles combats, les canes nichaient entre les vieilles pierres.

Je quittais mon oncle et, ayant encore un peu de temps libre, j'engageais ma voiture sur les routes du marais. Il y avait, au lieu-dit Port-la-Roche, une vanne d'où je savais pouvoir contempler les eaux brunes du Falleron en rêvant à ma guise.

En regardant les eaux troubles de ce modeste fleuve, je songeais que, malgré ce long collier de guerres, de pactes et de forteresses, la séparation entre France et Bretagne était restée bien poreuse et bien floue. C'est dans ces zones incertaines que mes familles avaient choisi de s'installer, l'une au bord des marais, l'autre au cœur du bocage. Ces pays où j'ai grandi, où se trouve une partie de moi-même, appartiennent à la Bretagne depuis environ mille deux cents ans et pourtant le sentiment breton y est à peu près inexistant : les antiques marches y imposent toujours leur loi incertaine. Mais sans elles, que serait-il advenu de la vieille Bretagne ?

Revenons à ce matin venteux où, dans le marais de Dol, je cherchais en vain à mettre les pieds sur la frontière entre Bretagne et Normandie. J'avais bien marché deux heures quand je renonçais définitivement à la trouver. Je quittais sans regret la digue et le marais, heureux d'avoir pu m'adonner à cette longue rêverie : c'était peut-être cela, en vérité, que j'étais venu chercher ici ce matin-là.

Assis au volant de ma voiture, je prenais, plein ouest, vers les monts d'Arrée. Il était temps pour moi de quitter la frontière et, m'aventurant plus profondément, de m'enfoncer sous la coquille.

8.
Retrouver la terre : la forêt

Pour quelle raison avais-je décidé de me rendre là ? Ç'aurait pu être ailleurs, la presqu'île de Crozon, le cap Sizun, la Montagne Noire.

Au cours des premières journées de ce voyage, en longeant la frontière terrestre de la Bretagne, j'avais été en quête d'un sentiment géographique : je n'avais pas simplement cherché à découvrir un paysage transformé par l'histoire, j'avais aussi essayé de comprendre dans quelle mesure il m'avait moi-même modelé. Je ne m'attendais pas à ce que cela me fasse remonter aussi loin dans mon enfance mais j'avais compris à quel point j'avais été pétri par ce pays.

Je devais maintenant quitter les hommes, m'éloigner de la civilisation, m'enfoncer dans la nature : je voulais expérimenter de manière primitive, sensuelle, ce qui me reliait à cette terre.

Or, depuis l'étroitesse de mon appartement versaillais, les monts d'Arrée, avec leurs forêts profondes et leurs rivières brillantes, leurs rocs de granit émergeant comme des épées brisées de la vieille lande battue par le vent, m'avaient paru une garantie de solitude, de liberté, d'âpreté ; c'était exactement ce que je recherchais.

J'arrivais à Huelgoat en début d'après-midi. J'avisais un lampadaire planté devant une de ces affreuses maisons bretonnes à l'architecture improbable, peinte en jaune canari, avec le nom en fer forgé posé de travers sur la façade : « Ker Suzette ». Je garais ma voiture juste en dessous du lampadaire, hissais mon sac à dos : son poids me scia les épaules et me fit plier les genoux.

Devant moi, la grande forêt de hêtres dressait les fûts immenses de ses troncs gris, puissants comme des pattes d'éléphant, lourds comme des piliers de cathédrale. Le ciel d'un bleu infini s'appuyait fraternellement sur le rideau des arbres, un grand soleil brillait, un ruisseau coulait au bord du chemin, je le suivis.

En réalité ce n'était pas un ruisseau mais un étroit petit canal bordé de béton moussu et l'eau dedans, profonde d'à peine quelques dizaines de centimètres, glissait joyeusement vers je ne sais où. Je marchais à ses côtés, elle faisait ployer les longues tiges grasses de l'herbe qui poussait sur le muret et, lorsqu'elle rebondissait sur un caillou ou sur une grosse branche tombée là par hasard, provoquait de grands mouvements de panique parmi les araignées d'eau. J'observais tout cela avec ravissement. Je n'avais rien vu de tel pendant des mois et c'était comme si je découvrais de nouveau que j'étais, moi aussi, vivant parmi ces êtres vivants.

Jamais je n'avais mis les pieds dans la forêt de Huelgoat. J'étais loin de me douter que l'endroit vers lequel je me dirigeais était tout sauf sauvage et isolé. Je rêvais d'une forêt solitaire mais plus le chemin s'enfonçait dans les bois, plus je me heurtais à des panneaux, des barrières, des rambardes, tout un parcours balisé sur lequel circulaient en vérité beaucoup de personnes venues, comme moi, profiter d'un peu de liberté. Elles arrivaient par des chemins au bout desquels je devinais des aires de parking. C'étaient des promeneurs en tongs, les mains dans les poches, des randonneurs à la journée, avec leur pique-nique dans un petit sac, des couples d'amoureux, des joggeuses en baskets fluo qui me dépassaient, leurs cheveux noués se balançant sur la nuque au rythme de leur course. Et moi au beau milieu de ces promeneurs, avec ma tenue d'aventurier à trois sous, mon énorme sac à dos, mon bermuda beige, mes grosses chaussures de marche, j'avançais bravement, tenant à la main un gros pain de seigle.

Je songeais à Tartarin de Tarascon quand il débarque à Alger, vêtu comme un zouave, la chéchia crânement plantée sur sa grosse tête rougeaude. Fidèle à son exemple, je décidais de traverser cette foule la mine altière, la foulée longue et souple du randonneur accompli.

Plus j'avançais, plus la forêt s'emplissait de rochers. Ils étaient énormes et ronds, moussus, gris. Au sommet d'un amas plus gros que les autres, alors que les rambardes, les panneaux et les promeneurs se faisaient de plus en plus nombreux, j'avisais une stèle. Elle luisait dans la lumière du sous-bois. Elle rappelait au passant que Victor Segalen était mort ici même, entre les tongs des promeneurs et les paquets de chips abandonnés dans les fougères. Segalen, le poète voyageur breton qui n'écrivit rien, ou presque, sur la Bretagne, qui était venu à Huelgoat pour tenter de soigner son addiction à l'opium et que l'on avait retrouvé dans ces bois, inanimé, un recueil de Shakespeare à la main.

Avant l'époque des rambardes, des panneaux indicateurs de style rustique et des sacs de nylon sur le dos des randonneurs, ç'avait dû être un bon endroit pour mourir.

Juste en dessous, au pied d'une pente courte et abrupte, la rivière disparaissait entre des blocs gigantesques. Elle reparaissait une dizaine de mètres plus loin dans une sorte de piscine naturelle : c'était le clou du spectacle. Un panneau de béton, indiquant « la marre aux fées », le désignait à l'étourdi. Un brave chien s'y ébrouait en bavant.

Bientôt, il n'y eut plus ni barrières ni panneaux.

La rivière avait pris une légère inclinaison. Sur ses berges poussaient les grands hêtres. Leurs racines plongeaient directement dans l'eau. Je m'asseyais à leur pied, déposant en soufflant mon énorme sac avec la nourriture pour plusieurs jours, trois grandes bouteilles d'eau, une tente, un sac de couchage, un tapis de sol, du whisky, des vêtements de rechange, un couteau, des briquets, des gamelles, des cigarettes, un livre.

L'eau était très pure, d'une incroyable couleur cuivrée, presque brune. Les rayons du soleil rebondissaient sur le velours de la rivière ou bien, lorsqu'elle était peu profonde, descendaient jusqu'à son lit de cailloux ronds et les enflammaient de mille décharges électriques. Des oiseaux filaient comme des fous le long du cours d'eau, zigzaguant, s'amusant à éviter au dernier moment les troncs d'arbres morts qui reposaient en équilibre sur les rochers.

Mon déjeuner terminé, je rangeais tout dans mon sac et, le reprenant sur mes épaules, constatais qu'il était toujours aussi lourd. Je devrais avaler de nombreuses boîtes de conserve froides – j'avais oublié mon réchaud à gaz – pour l'alléger un peu. Mais j'étais plein d'allant et je repris ma route. J'étais pressé. Il me faudrait encore endurer de longues heures de marche et bien des souffrances pour apprendre à retrouver l'allure sereine de ceux qui ont leur temps.

Je filais sur le sentier, dépassant les marcheurs, déboulant les pentes ou les grimpant à grandes enjambées. Puis la rivière s'éloigna, il y eut moins de monde. Le sentier déboucha sur une route : de l'autre côté, une allée montait dans la forêt. Je me retournais : j'étais enfin seul.

Je continuais à pas rapides. Je passais une colline, je traversais une plaine. Il y avait des haies et des champs, quelques fermes. En Bretagne, au mois de mai, le soleil se couche déjà tard. Mais quand il commença à obliquer sérieusement vers l'ouest, je songeais à trouver un endroit pour la nuit. J'avais repéré un petit cours d'eau sur la carte. Il se trouvait à ma gauche, au fond des champs : je devinais son tracé aux grands peupliers qui poussaient sur ses berges.

9.
Sous le soleil de midi

J'y arrivais après avoir traversé un pré qui n'était pas fauché et dont les herbes montaient jusqu'à ma poitrine. Je plantais ma tente sous les branches d'un vieux saule et, lorsque mon campement fut bien installé, je descendais nu dans l'eau fraîche. Le soleil passait de l'autre côté de la colline. L'ombre gagnait, l'humidité montait, des milliers d'insectes s'élevaient de la prairie, les hirondelles en faisaient un festin. Ce fut bientôt mon tour d'être dévoré par les moustiques. Je me réfugiais sous la tente et sortais le livre de ma poche.

Ce n'était pas un ouvrage compliqué, un essai d'histoire ou de philosophie, mais un vieux bouquin que je relisais peut-être pour la centième fois depuis mon enfance : une vieille édition de *Bilbo le Hobbit*, de Tolkien. L'emporter avait été une évidence quand, avant de partir, je m'étais arrêté devant ma bibliothèque. Ses pages étaient toutes cornées ; petit, j'avais rêvé des heures devant chacun de ses dessins. Adossé à mon sac, je l'ouvrais une fois encore. « Dans un trou vivait un hobbit », commençait-il.

Bilbo le Hobbit ne raconte pas simplement un trésor, un dragon et une compagnie de nains s'aventurant dans une forêt enchantée. C'est surtout l'histoire du conflit universel entre l'appel de l'aventure et le besoin de se blottir au creux d'une maison, l'histoire du conflit entre le mouvement et l'immobilité. Bilbo est constamment écartelé par la tension entre le dedans et le dehors et ce soir-là, à l'abri de ma tente, allongé au creux de mon vallon herbeux, au bord du petit cours d'eau qui chantonnait dans le crépuscule, je le comprenais mieux que jamais.

Les Français commençaient à sortir de chez eux, les restaurants et les bars pouvaient enfin rouvrir, on allait vivre de nouveau. Moi, j'étais tout seul, au bord d'un ruisseau, quelque part dans les monts d'Arrée, au fin fond de la Bretagne, et je m'y sentais mieux que dans n'importe quelle maison. Sonné par la marche, je reposais le livre et m'endormais très vite. Au-dessus de moi, les peupliers frissonnaient doucement dans le vent.

Le lendemain matin, de bonne heure, je repliais ma tente, rangeais mes affaires et traversais le champ. Couvertes de rosée, les herbes s'ébrouaient à mon passage. Puis, je marchais longuement sur une longue route toute droite, peinant, soufflant et maudissant mon sac. La route se mit à grimper les collines, elle devint un chemin, puis un sentier. La végétation se modifiait progressivement ; les arbres rapetissaient ; l'herbe faisait place à des fougères, des ajoncs, des myrtilles. Le tout bas, tourmenté, érodé comme les rochers qui surnageaient par-dessus la lande trapue à travers laquelle je grimpais.

Ainsi, de rochers en ajoncs, j'atteignais la crête très ancienne et très douce des vieilles montagnes d'Arrée. Je les suivais, elles me conduisaient plein ouest. Parfois, je longeais un bloc plus haut que les autres, tout ciselé par le vent et la pluie. Il m'arrivait d'être tenté d'en escalader un, mais je renonçais à cette victoire trop facile : après tout, c'était encore le sommet d'une montagne, elle méritait le respect. Je sortais finalement du couvert des arbres. L'horizon était dégagé et je voyais toute la Bretagne à mes pieds. Vers le nord, du côté de Morlaix, une brume légère me laissait deviner la mer. Des clochers gris et pointus parsemaient la campagne tandis que la vieille et digne montagne s'étirait sous le soleil. Je repliais ma carte, oubliais le chemin et me laissais aller au hasard, suivant les sentiers qui sillonnent la lande, mènent tous quelque part, et dont je ne savais rien.

J'avançais ainsi, dans le vent, rêveur, jusqu'à ce que je finisse par ressentir une profonde fatigue. Le soleil cognait sur ma tête, le sang battait dans mes tempes, j'avais les jambes vides, la tête qui tournait, les yeux troubles. J'avisais alors, loin devant moi, une masse sombre qui semblait un rocher. Je décidais de m'arrêter à son ombre. En m'approchant je compris qu'il s'agissait d'un arbre. Ce n'était ni un saule ni un chêne comme on en voyait plus bas dans la vallée, mais un houx colossal. Autour de moi, tout bougeait, je ne sais si c'était la fatigue ou le vent. Mais lui se tenait immobile. Ses petites feuilles sombres, luisantes, épaisses comme du cuir, ne remuaient pas dans l'air. Le sol, à des mètres à la ronde, en était couvert. Elles faisaient un tapis craquant sur lequel je déposais mon sac à dos. Ses branches étaient fortes comme des troncs, et ses troncs étaient semblables à des blocs de pierre. Il avait poussé sur un de ces petits talus qui sillonnent la lande et, là où il se tenait, le talus faisait une grosse bosse. Depuis combien de temps était-il ici ?

À son pied poussait un jeune if. Il pointait ses pousses vert tendre vers la ramée grise du houx. Un jour, dans quelques dizaines d'années, il y aurait ici une terrible bagarre entre le vieux houx et le jeune if. Lequel des deux l'emporterait ? Il faudrait que je revienne ici dans un demi-siècle pour voir ça, pensais-je en tirant de mon sac une boîte de conserve. Je mangeais, buvais de l'eau, m'assoupissais à l'ombre du vieux houx.

Je me réveillais dans un frisson. L'océan avait apporté de gros nuages gris : il faisait soudain beaucoup moins chaud, et la lande, riante et joyeuse quelques instants plus tôt, était devenue sombre et sévère. Je m'approchais de l'arbre et posais ma main sur le plus gros de ses troncs. C'était rond, compact, placide ; au cours des siècles, il avait engrangé une force incroyable que ses racines avaient puisée dans la lande et qu'il exposait maintenant au soleil, à la pluie et au vent, fièrement, sans trembler, d'un air de dire : je suis moi-même, je suis en ordre et en paix, je suis aussi fort que vous. Je laissais longuement ma paume sur le tronc. J'enviais ces racines et cette force. L'arbre demeurait impassible, j'ai gardé son image au fond de mon âme.

Puis, je repris mon chemin dans la lande. La nuit finirait par venir : il me fallait quitter la montagne et redescendre dans les vallées. Mais j'avais erré au hasard pendant toute la journée et je ne savais plus où j'étais. Une route courait au pied d'une colline : je la suivais sans savoir où elle me conduirait.

10.

Retrouver la terre : la rivière

Les nuages étaient repartis, le macadam était matraqué par le soleil, je marchais longuement dans l'herbe du bas-côté, mon ombre tout écrasée par la lumière.

Au soleil couchant, j'étais au bord d'une rivière. De l'autre côté s'étendait un pré dont on venait de faire les foins. Il était parsemé de meules. Je décidais de m'installer là pour la nuit. Je m'enfonçais sous les bois. Avec la scie de mon petit couteau, je découpais deux branches de noisetier, j'enlevais mes chaussures, les passais autour de mon cou et, m'appuyant sur les deux branches de noisetier, franchissais la rivière à gué. Je plantais ma tente à l'abri d'une grosse meule blonde.

Au-dessus de l'eau vibrionnaient mille insectes pataudsil, c'était tout un fouillis d'ailes et de pattes qui se heurtait aux fleurs, tombait dans l'eau et rebondissait sur le courant. Les hirondelles, les libellules et les truites en faisaient leur dîner. L'éclair bleu d'un martin-pêcheur filait entre les arbres. J'étais le prince de ce royaume de carottes sauvages, de frênes, de saules, de noisetiers, de ronces, d'orties, de pics-verts, de loriots, de coucous, de bergeronnettes, de renards, de lapins, de musaraignes dans leurs terriers, de buses et de chevreuils.

Dans les jours qui suivirent je continuais d'être très bien, ne me lassant ni d'être seul ni d'aller à travers les bois et les champs, dormant près de ma rivière, m'y baignant, lisant, avalant mes conserves froides, soulevant mon sac de plus en plus facilement, vivant mille aventures avec le vieux Bilbo. Comme lui, au fur et à mesure que je m'en éloignais, mon petit trou de hobbit bien douillet, bien confortable avec la bouilloire qui chante et les tartines qui grillent sur la cuisinière me manquait de moins en moins. J'étais comblé, je faisais un avec la nature, heureux par elle « comme avec une femme », disait Rimbaud. Il fallut pourtant rentrer.

Je me retrouvais finalement au bord de la rivière du premier jour. J'avais bouclé mon périple. C'était un soir, les pique-niqueurs et les randonneurs d'un jour avaient abandonné les lieux. Pour cette dernière nuit dans la nature, j'étais encore seul comme un roi. Je grimpais dans le vallon, me faufilais entre les arbres et posais ma tente, discrètement, au creux d'un rocher moussu. La forêt m'enveloppait maternellement. Au fond, tout en bas, l'eau grondait joyeusement, l'air était frais.

Demain, je devrais partir. Je n'avais pas envie de retrouver la civilisation : j'aurais pu rester ici éternellement car je savais désormais que j'appartenais à cet endroit depuis toujours. Avant même de venir au monde, je lui avais appartenu, voilà ce que j'avais découvert au cours de ces journées : cela me rendait joyeux. Antoine de Saint-Exupéry a écrit : « On ne se fait pas de vieux camarades. » Peut-on se faire un vieux pays ? C'est pour tenter de répondre à cela que j'étais venu ici, dans ces vieilles forêts bretonnes. La réponse se trouvait dans le silence, le soleil, le vent, les rivières et le chant des oiseaux, j'avais bien reçu le message.

Au petit matin, j'entrais dans Huelgoat comme un trappeur de retour du Yukon, des pépites d'or plein les poches, les ongles noirs de crasse, les cheveux hirsutes, le regard brillant. Il y avait une église sur la place. J'y entrais et m'assis sur un banc, tout au fond. Un rayon de lumière traversait un vitrail où saint Yves était représenté.

Quand un groupe de touristes entra dans l'église en léchant des cônes de glace, je me levais en silence, et m'en allais, regrettant l'époque pourtant pas si lointaine où tout le monde était enfermé chez soi.

11.

Jack Kerouac sur ma route

En restant plus longtemps dans cette église, peut-être aurais-je vu la pierre portant cette inscription : « Fait bâtir en l'an 1698 par maître François Le Bihan, notaire pour la fabrique. » Mais je n'aurais pu deviner qu'il s'agissait là de l'ancêtre de Jack Kerouac, cet ancêtre dont il avait cherché les traces toute sa vie, lui, l'Américain, qui fut toujours obsédé par la quête de ses origines bretonnes. J'étais d'ailleurs loin de me douter que Huelgoat aurait dû être l'ultime voyage de l'écrivain phare de la Beat generation, qui mourut le 21 octobre 1969 de varices œsophagiennes hémorragiques à l'hôpital Saint-Anthony de Saint Petersburg, en Floride.

J'apprenais quelques mois plus tard que deux journalistes bretons avaient terminé la quête à sa place, et qu'elle les avait conduits sur les bancs mêmes de l'église Saint-Yves de Huelgoat, où je m'étais reposé après cette aventure dans la forêt.

En découvrant sous cet aspect nouveau la vie de Jack Kerouac, je trouvais en lui un grand frère. Sa constante obsession de la Bretagne, la terre ancestrale, était un signal de plus sur la route dans laquelle j'avais décidé de m'engager, moi le petit Breton de Versailles en mal d'enracinement. Son existence fut à la fois lumineuse et pathétique.

En 1968, quelques mois avant sa mort, Jack Kerouac vit reclus dans sa maison de Saint Petersburg, avec sa dernière femme, Stella, et sa vieille mère malade. Après avoir dynamité la littérature mondiale en compagnie de ses amis Neal Cassady, Allen Ginsberg, William Burroughs, il a tourné le dos à la Beat generation. Lui, l'écrivain homérique du jazz et de la liberté, qui pousse à toute vitesse les mots les uns derrière les autres comme un grand fleuve rugissant, il ne se retrouve pas dans les nouveaux canons de l'esthétique hippie, le *flower power*, la musique psychédélique, les cheveux longs et les chemises à fleurs. Il ne supporte pas d'en être devenu une icône. Il s'est coupé de ce monde-là. Il acceptera pourtant cet été 1968 de donner sa dernière interview au poète new-yorkais Ted Berrigan, pour la *Paris Review*.

L'interview dure longtemps, on boit des coups. Kerouac, comme à son accoutumée, submerge son interlocuteur de phrases, le perd dans mille digressions, le noie sous le torrent de sa mémoire. Puis, avant que la bande magnétique n'arrive à son terme, il revient à sa vieille obsession et sollicite une dernière question : « Demandez-moi ce que veut dire Kerouac. »

Toute sa vie, Jack Kerouac a été hanté par ses origines. C'est commun à beaucoup d'Américains mais, chez lui, cela a donné une œuvre littéraire. Il est né le 12 mars 1922, à Lowell, dans le Massachusetts, d'une famille de Canadiens français. Son vrai nom était Jean-Louis Lebris de Kerouac et il ne raterait pas une occasion de le rappeler. Le français était sa langue maternelle, la seule qu'il ait su parler avant l'âge de 6 ans. Mais le français canadien, le « joual », qu'il parviendrait encore à faire sonner des années plus tard, même par écrit, dans *Satori à Paris* par exemple, un de ses derniers livres où il raconte le voyage burlesque et calamiteux qu'il fit à Paris puis à Brest, en 1965, à la recherche de ses racines bretonnes.

> Ey, weyondonc, pourquoi t'as peur que j'm'dégrise avec une 'tite bierre ?
> – On se dégrise pas avec la bierre, monsieur, mais avec le bon petit déjeuner.
> – Way, mais on est pas toutes des soulons...
> [...]
> – Vous parlez bien français mais vous avez un accent...
> – Oua, du Canada.

Lowell est alors une petite cité industrielle dans laquelle les Canadiens francophones viennent chercher du travail.

Kerouac a vécu là les premières années de sa vie, dans le quartier de cette ville américaine où tout se fait en français : les courses, le travail, la messe. Comme tous les Kerouac d'Amérique, il est persuadé de descendre d'une vieille famille de la noblesse bretonne dont l'ancêtre, un certain Maurice-Louis Le Bris de Kerouach, aurait quitté la Bretagne au début du XVIIIe siècle pour émigrer au Québec. « Ti-Jean, oublie jamais que t'es breton », lui répétait son père.

Et Ti-Jean grandit ainsi, petit Américain du XXe siècle et digne descendant des « princes de Bretagne », hanté par l'image de ce château battu par la mer qui se trouverait quelque part dans le Finistère, par ce trésor dont son ancêtre, le noble Maurice-Louis, avait été privé et qui lui revenait de droit. Il était fils de Bretagne, il portait inscrit dans son nom la vieille histoire de sa famille. Kerouac : la Bretagne, la Cornouaille ; le sang des très anciennes peuplades d'Europe du Nord courait dans ses veines. Que l'on grandisse à des milliers et des milliers de kilomètres de la Bretagne, à Lowell, Massachusetts, ou dans une ville de la banlieue parisienne, on ne grandit pas comme les autres quand on a reçu cette fierté en héritage. Elle vous habite comme un rêve, elle vous oblige. On la transporte toute sa vie. Parfois c'est un boulet, parfois un étendard. « Qu'est-ce que vous savez des Lebris de Kérouack et de leur devise "Aime, Souffre et Travaille", espèce de vieille bourgeoise ringarde ? » (*Satori à Paris*.)

Un peu comme Bilbo le Hobbit, Jack Kerouac avait toujours été déchiré entre la soif de partir au loin combattre les dragons et l'envie de savourer le confort du foyer. Lui qui n'aimait pas voyager, il oscillait entre les virées hautement alcoolisées avec ses amis et la maison, peu importe où elle se trouvait, qu'il avait partagée jusqu'à sa mort avec ses chats et sa maman. Exemple, dans une lettre à Neal Cassady, le 25 mars 1957, depuis Tanger : « Je vais aller adorer Paris, la Bretagne (village de Kerouac), Londres et Dublin, et puis trouver ce bateau et rentrer comme matelot... » Et quelques lignes plus bas, à Carolyn, la femme de Neal, son amante : « Chère Carolyn, je prie maintenant pour trouver enfin mon vrai foyer. »

12.
L'obsession des racines

C'est donc une sorte de don Quichotte américain, bouffi par l'alcool, vieillissant, qui débarque à Orly un jour du printemps 1965, en chapeau et imperméable, avec « mes mitaines pour les méditations des nuits froides de la côte bretonne ». Il avait prévu d'y écrire la seconde partie de son étrange poème composé en 1963 sur la côte californienne, lors d'une retraite passée dans une cabane spartiate prêtée par Lawrence Ferlinghetti, le poète et libraire de San Francisco, pour un séjour loin du monde, à la manière de Thoreau. Il espérait alors retrouver un peu d'énergie vitale.

L'expérience sera un désastre imbibé de porto qui le conduira à la folie, mais c'est pendant ce séjour que, la main dans un sac en plastique pour éviter les embruns, il a écrit « The Sea », cette longue suite effrayante de mots et de bruits marins s'entrechoquant et roulant les uns par-dessus les autres.

Les poissons de la mer/parle Breton------Mon nom est Lebris/de Keroack/ Parle, Poissons, Loti, / parle

Son voyage en Bretagne, ce sont quelques jours à Paris où il a plus de succès dans les bars qu'auprès du personnel de la Bibliothèque nationale – il veut consulter de vieux ouvrages héraldiques – puis vingt-quatre heures catastrophiques à Brest, dont il se presse de partir pour reprendre l'avion et retrouver la Floride. Il en tire ce livre, écrit en quelques nuits frénétiques, dans lequel Gerald Nicosia, son biographe, voit l'expression d'une geste, à la manière des chevaliers du roi Arthur, qu'il aurait posée en se rendant là-bas. « L'équivalent moderne de *Sir Gawain and the Green Knight.* »

Malgré l'échec de son séjour en Bretagne, son obsession de ses racines ne l'avait pas quitté.

C'est ainsi que, quelques années plus tard, il avait fait la connaissance de Youenn Gwennig. Ce poète breton qui vivait à New York avait découvert au hasard d'une vitrine le *Satori à Paris*. Youenn Gwennig avait d'abord été sculpteur sur bois à Huelgoat et il traînait maintenant avec l'underground new-yorkais du Village, qui était tout ce que Kerouac détestait. Mais il avait accepté de rencontrer ce Breton avec lequel il s'était lié d'amitié. Le jour de leur rencontre, chez lui, à Hyannis Port, dans le Massachusetts, Gwennig raconte qu'ils avaient convenu d'un mot de passe pour qu'il lui ouvre la porte : « Kadoudal ! » En 1967, ils avaient eu ensemble un projet de voyage qui devait les conduire à Huelgoat, qui n'avait jamais abouti. Kerouac avait allégué l'écriture de son dernier livre, *Big Sur*, dans lequel on retrouve l'étrange complainte des poissons : « Je suis breton m'écrié-je et les ténèbres répondent : “Les poissons de la mer parlent breton.” »

Si Jack Kerouac était venu à Huelgoat, il aurait enfin retrouvé le vrai pays de ses ancêtres. Lui qui rêvait d'un château battu par les embruns descendait en réalité d'une famille de notaires installée ici, au cœur des terres, et dont l'un avait, en 1698, fait graver cette pierre devant laquelle je passais sans le savoir, au terme de ma longue errance dans les forêts, les rivières et les landes des monts d'Arrée. L'ancêtre de Jack s'appelait Urbain-François Le Bihan. C'était une sorte de mauvais garçon que sa famille aurait préféré expédier au Québec, où il avait changé plusieurs fois de nom pour mieux brouiller les pistes. Mais qu'importe que Jack Kerouac ait finalement trouvé ses racines à Huelgoat ou ailleurs : ce qui l'avait vraiment guidé dans sa vie, à la manière des chevaliers de la Table ronde, c'était cette quête.

Il est mort le 21 octobre 1969 d'une hémorragie causée par les gigantesques quantités d'alcool ingurgitées au long de sa vie. Sa dépouille a été exposée à Lowell, là même où avait été déposée celle de son grand frère, Gérard, mort à l'âge de 9 ans, alors qu'il avait lui-même 4 ans, dont il n'avait jamais pu faire le deuil. La cérémonie a eu lieu dans l'église Saint-Jean-Baptiste où il avait été baptisé quarante-sept ans plus tôt. Il a été enterré dans le cimetière d'Edson, au sud de la ville où il a grandi. Sur sa tombe, une plaque de pierre posée à même le gazon indique : « Ti-Jean », « He honored life ».

J'ai déposé mon sac à dos dans le coffre de ma voiture. Je devais désormais aller à Tréguier. Un cimetière m'y attendait moi aussi : celui où reposaient mes ancêtres.

13.

D'un cimetière l'autre

À Tréguier, j'avais loué pour quelques jours une petite maison située en bas de la rue Ernest-Renan, qui relie le port à la cathédrale Saint-Tugdual. La maison était juste assez large pour qu'on y cale une porte et une fenêtre, et elle grimpait sur plusieurs étages en s'appuyant sur ses voisines, de vieilles bâtisses en granit. Son propriétaire, une espèce de géant débonnaire qui ressemblait à Jean Reno, m'en avait fait faire le tour, m'avait remis les clefs, une carte de la ville et avait refermé la porte derrière moi.

Après avoir été privé de confort pendant toutes ces journées, je pensais retrouver un toit avec soulagement mais cela m'avait fait peu d'effet. J'étais surtout bien ennuyé de devoir renouer avec les désagréments de la vie moderne : les parkings de supermarché, les sacs en plastique, les règles sanitaires.

J'avais acheté quelques bouteilles de bière pour célébrer la fin de ma randonnée. J'en buvais une dans le jardin, coincé entre deux murs, derrière la maison. C'était, m'avait expliqué le géant, une ancienne rue qui avait été murée. En décapsulant ma bouteille de bière, je songeais qu'un de mes ancêtres était probablement passé ici même, il y a plus de deux cents ans. Je l'imaginais devisant avec un ami de quelque affaire pressante, ou bien, rêveur, traversant la ruelle l'esprit ailleurs. Un carré de ciel tout bleu était au-dessus de ma tête, et, depuis ma courette, je me laissais bercer par les bruits familiers des petits ports, une drisse qui bat contre un mât, le cri d'un goéland, un moteur qui pétarade.

Dans la rue, la première maison sur la gauche était occupée par une librairie. Un bonhomme avec un épais blouson de cuir était installé dans un coin, devant un ordinateur couvert de poussière. Les rayons se succédaient à travers les pièces. Ils étaient couverts de livres anciens et très savants. J'engageais la conversation avec le type, c'était un très bon vendeur. Plus nous parlions, plus la liste des bouquins que je devrais absolument lire avant d'écrire quoi que ce soit sur la vieille Bretagne s'allongeait à me donner le tournis.

Je lui expliquais que j'étais venu ici pour retrouver des souvenirs de mes ancêtres. « Dieuleveult, ça vous dit peut-être quelque chose ? Ils ont vécu ici. » Ça ne lui disait rien. Le fils du pays, la fierté de Tréguier, c'était l'intellectuel Ernest Renan, l'auteur de la *Vie de Jésus* et d'une fameuse tentative de définition de la nation. « Vous noterez que c'est un Breton, le fils d'une nation perdue, qui a été parmi les premiers à se pencher sur cette idée de nation, me fit-il remarquer. Amusant, non ? » Mais si la Bretagne m'intéressait, Renan avait surtout écrit ses *Souvenirs d'enfance et de jeunesse*, poursuivait le vendeur, « une savoureuse évocation des mythes et des croyances populaires de la Bretagne d'antan ». Je reposais la vieille édition reliée que le bonhomme m'avait tendue en songeant à l'acheter, plus tard, dans sa version écornée et brunie par les années, sur les étals d'une librairie d'occasion.

Il y avait bien dans la ville, poursuivait le libraire, une stèle en l'honneur d'Anatole Le Braz, qui ornait tout un mur du « jardin du poète », en aplomb de la rivière du Guindy. En disant cela, il me désignait de magnifiques exemplaires illustrés des ouvrages de l'écrivain régionaliste : plusieurs tomes des *Magies de la Bretagne*. Je les soupesais, prenais bonne note, et les reposais sur la table. Et puis bien sûr, il y avait le mausolée de saint Yves, le saint patron des Bretons qui reposait dans la cathédrale : tout un rayon de la librairie était consacré à l'histoire de la religion catholique en Bretagne. Mais François-Marie, Paul, qui fut député tout de même en 1849, Albert de Dieuleveult ? Il n'en avait jamais entendu parler. Je laissais pour l'instant derrière moi Ernest Renan, Anatole Le Braz, le libraire et saint Yves de Kermartin, et je sortais de la boutique.

Le soir tombait. J'avais emporté une bière que je buvais au bord de l'eau. À Tréguier, le port est séparé de la ville par une sorte de terrain vague qui sert de parking. Des jeunes passaient à vélo en écoutant du reggae sur leurs enceintes portables. Ils avaient ce look de bébé punk à chien particulier aux adolescents en Bretagne, ils disaient gentiment « Bonjour » quand on les croisait puis allaient fumer des pétards au pied du monument à Anatole Le Braz, dans le « jardin du poète ».

Je m'étais assis sur une grosse pierre en tournant le dos à la ville. La nuit venue, j'y faisais un tour, au hasard. Tout était calme. Je croisais des bars où des Bretons buvaient de la bière mais je n'y entrais pas. Trop timide pour entrer tout seul dans un bar, le soir, en Bretagne. Je retournais à ma petite maison du bas de la rue Ernest-Renan : la fenêtre ouverte laissait entrer dans ma chambre des vagues d'air frais qui provenaient de la mer.

Le lendemain, c'était la fin de ce premier voyage. J'avais quitté tôt ma petite maison. C'était jour de marché, des étals avaient été installés au pied de la cathédrale et sur la place qui jouxte le cimetière Saint-Fiacre. Il y avait des montagnes d'artichauts, des poissons, des fleurs. Des vieilles dames toutes fripées transportaient leur cabas, un ivrogne desséché par le vin se roulait une cigarette. En m'aidant de photos trouvées dans l'ouvrage donné par mon oncle, je n'avais pas eu de mal à repérer les maisons de mes aïeux. Elles étaient toujours habitées. J'avais prévu d'aller y sonner, de demander à faire une petite visite mais, arrivé devant celle qui se trouve rue Renan, je m'arrêtais, renonçant à me présenter : je préférais que la vieille façade garde son mystère.

J'allais ensuite acheter six roses blanches à la jeune fleuriste qui était près du cimetière. Je passais le portail. D'un côté c'était la vie, de l'autre le silence. Au nord, par-delà le mur d'enceinte, j'apercevais le toit de la maison de mes ancêtres. Je trouvais vite leurs six tombes bien alignées, entourées d'une chaîne rouillée : elles étaient orientées vers la vieille demeure. Six croix les dominaient avec, sur les pierres tombales, les six croissants contournés d'argent, posés trois, deux et un, l'écu timbré d'un casque taré de profil, orné de ses lambrequins. Des herbes poussaient entre les tombes : des pissenlits, du liseron. Je les arrachais soigneusement puis je déposais les roses sur la tombe de François-Marie. Le vent en faisait trembler les pétales, je demeurais là un instant, immobile, et ce fut tout.

Quelques semaines plus tard, je recevais un étonnant message. Voici ce qu'il disait : « Cher monsieur, Je viens de lire un article sur la Bretagne que vous avez écrit. Vous savez peut-être que votre famille est originaire de Tréguier ? Il se trouve que j'habite la maison d'un de vos ancêtres : Albert de Dieuleveult. Si vous aviez l'occasion de passer à Tréguier, je serais ravi de vous la faire visiter. »

Je ne suis pas retourné à Tréguier. J'y avais trouvé, devant la tombe de mes ancêtres, la confirmation d'une certitude déjà acquise au pied des monts d'Arrée : j'appartenais à ce pays.

Mais il avait encore bien des secrets à me révéler.

II.

La Bretagne à Paris

L'automne ; la basilique Saint-Denis ;
le quartier de Montparnasse

14.

Paris, cité bretonne

Ce jour-là, à l'abri de mon masque, je déambulais dans la basilique Saint-Denis. Un grand soleil d'automne brillait au-dessus de Paris et la nef était toute vibrante de lumière. Je n'avais pas songé, en sortant du métro, que nous étions le jour de la Toussaint, mais cela m'avait sauté aux yeux lorsque, après avoir franchi le portail, la nef de l'immense nécropole des rois de France s'était présentée devant moi.

Alors que les Français honoraient les tombes de leurs ancêtres, je me trouvais face à celles de Clovis, de Pépin le Bref, de Philippe le Bel ou de François Ier. Ce n'étaient pourtant pas ces anciens monarques qui m'avaient conduit jusqu'ici mais le souvenir d'un personnage connu de tous les Bretons et pourtant bien mystérieux : Anne, la dernière duchesse de Bretagne, qui a été deux fois reine de France et deux fois enterrée, son corps à Saint-Denis, son cœur à Nantes.

La messe terminée, on m'avait laissé avancer parmi les gisants. Le tombeau d'Anne de Bretagne était parmi les plus monumentaux : signe de la gratitude de la monarchie française envers celle qui lui avait apporté une de ses plus belles prises. Je le repérais immédiatement, de l'autre côté du chœur. Je passais donc à côté de Clovis II et Charles Martel, Louis XVI et Marie-Antoinette, de Frédégonde, d'Henri II et de Catherine de Médicis pour m'arrêter, au pied d'un escalier, devant l'étrange monument commandé par François Ier afin d'honorer sa belle-mère.

Au sommet d'une sorte de dais de marbre, le roi Louis XII et sa femme Anne étaient représentés agenouillés, les mains jointes, recueillis pour l'éternité. En dessous, dans la pénombre, on devinait leurs corps à moitié nus, encore tourmentés par les douleurs de l'agonie. Le visage d'Anne était marqué par la souffrance, ses cheveux s'étalaient sur l'oreiller de pierre, trempés de sueur. Sur son ventre creux, une large plaie grossièrement recousue rappelait qu'après sa mort à Blois, le 9 janvier 1514, le corps de la dernière duchesse de Bretagne avait été éviscéré, puis bourré d'aromates et de sel en vue des longues journées pendant lesquelles il serait présenté à la foule.

En cette toute fin du Moyen Âge flamboyant et mystique, l'enterrement d'Anne de Bretagne est un défi à notre rapport à la mort. On estime à 10 tonnes et demie la quantité totale de cire brûlée au cours des soixante-dix journées de funérailles, pendant lesquelles ont été dites

453 messes et 7 164 messes basses devant le corps et le cœur de la duchesse. Sa dépouille avait d'abord été exposée pendant dix-huit jours dans le château de Blois. Puis, mille sept cents personnes l'avaient accompagnée jusqu'à Paris, où elle avait été accueillie le 3 février dans l'église Notre-Dame-des-Champs, alors aux portes de la capitale. Là, un mannequin de bois orné d'une moulure de son visage à la cire avait été déposé par-dessus son cercueil, transporté jusqu'à la cathédrale Notre-Dame. Pour son ultime étape vers Saint-Denis, un cortège de treize mille personnes avait traversé Paris. Après que son corps eut été inhumé, son cœur, enchâssé dans un cœur d'or, avait été conduit à Nantes où avaient eu lieu des funérailles à peu près aussi grandioses.

De manière analogue, le tombeau de Claude, la fille d'Anne dont le mariage avec François Ier avait signifié la disparition définitive du duché, se trouvait de l'autre côté du chœur, dans une disposition similaire. L'inhumation ici, à côté des rois de France, de la mère et de la fille, avait été l'acte final de la disparition du duché de Bretagne. C'est là qu'on avait planté le dernier clou du cercueil.

Peu de Bretons morts à Paris ont eu droit à des funérailles aussi grandioses. Mais ces tombeaux flamboyants rappelaient aussi que, depuis toujours, des Bretons étaient venus vivre dans la capitale. Ils y avaient étudié, s'y étaient enrichis, y étaient morts, faisant de Paris un poste avancé de la Bretagne, allant jusqu'à en peupler des quartiers entiers. Des années plus tard, que signifiait encore être breton à Paris ? J'avais moi-même grandi avec ce sentiment paradoxal dont j'ai déjà parlé, mais je ne savais pas que cette question s'était posée à des générations de Bretons mélancoliques. Dans les caveaux enfumés du vieux Paris, elle en avait même conduit certains à rêver d'une renaissance de la nation bretonne.

Paris s'est toujours montrée débonnaire envers ses Bretons, qui ne le lui rendent pas souvent. Avant Anne, nombreux étaient ceux qui étaient venus trouver refuge à l'abri de ses murs. Certains étaient vivants, d'autres morts : à certaines époques, on ne faisait pas aussi nettement la différence qu'aujourd'hui. Les chroniques médiévales gardaient ainsi le souvenir du roi Gicquel, qui avait vécu au VIIe siècle et s'était rendu à Clichy signer un traité de paix avec le roi Dagobert. Sa vie, à en croire les textes, avait été une longue suite de « grands carnages de Francs ». Puis, Gicquel avait embrassé la foi chrétienne et était devenu saint Judicaël, se fondant ainsi dans le grand mouvement de christianisation impulsé par les moines irlandais et gallois.

Au Xe siècle, quand étaient arrivés les Vikings, les religieux avaient fui leurs couvents pour mettre à l'abri leurs précieux reliquaires. Celui de saint Guénaël, le second abbé de Landevenec, s'était retrouvé à Courcouronnes. En 960, saint Lunaire et saint Samson avaient abouti dans une église de l'île de la Cité. Ils étaient restés à Paris jusque dans les années 1950, puis avaient enfin pu revenir en Bretagne. Il y avait eu aussi saint Maudez dont les ossements, vers la fin du IXe siècle, avaient trouvé refuge près de Paris, dans ce qui allait devenir Saint-Mandé. À la suite des saints, toute une procession de Bretons s'était ébranlée vers Paris. Dans ce cortège qui traverse les siècles, on trouve des intellectuels – Abélard qui était le fils du seigneur du Pallet, une place forte au sud de Nantes, Yves de Kermartin, qui venait de Tréguier, avait appris la théologie et le droit à la faculté de Paris et devait devenir le bon saint Yves, l'« avocat des pauvres » – mais aussi des journaliers, des imprimeurs, des grands seigneurs.

Paris est pourtant longtemps restée singulièrement éloignée de la Bretagne et le voyage pour y parvenir était une véritable aventure, avec, pour beaucoup, pas de retour possible. En feuilletant un des deux ouvrages que m'avait remis quelques mois plus tôt mon vieil oncle, à La Flèche, j'avais découvert comment un de mes ancêtres de Tréguier, Paul, était venu y vivre, au milieu du XIXe siècle.

En mai 1849, tout juste élu député des Côtes-du-Nord (aujourd'hui les Côtes-d'Armor), il s'était rendu à Paris pour siéger à l'Assemblée nationale : il lui avait fallu trois jours et deux nuits de voyage. Diligence de Tréguier à Saint-Brieuc où il avait dormi, puis départ à l'aube et diligence jusqu'à Tours, où il était arrivé le lendemain à 10 heures. Là, il avait enfin pris le train, qui l'avait emmené à la gare d'Austerlitz. Plus intéressé par son coin de Bretagne que par la vie politique, malmené par les vents de l'histoire, il ne devait pas rester longtemps à Paris. Il échangeait un courrier assez intense avec son frère Albert, demeuré sur place. Ce courrier a été retrouvé dans son intégralité : on peut lire une chronique de la vie politique de cette époque, mais aussi celle de l'exil d'un Breton qui s'ennuie de son petit pays.

Ainsi, en bon fils de Bretagne, Paul mangeait exclusivement du beurre salé. On n'en trouvait pas à Paris. Dans sa lettre du 19 octobre 1849, il demandait à Albert de lui en faire parvenir, « par Morlaix et le bateau à vapeur ». « Jeanneton et François pourraient s'en occuper. La première le salerait et le préparerait comme elle a l'habitude de le faire et tu ferais un baril pouvant le contenir et tu nous l'expédierais. » Je me demandais dans quel état le beurre de Jeanneton était arrivé et, depuis, je n'achète plus jamais une motte de beurre demi-sel sans une pensée émue pour mon aïeul Paul.

Deux ans après son arrivée, en 1851, le coup d'État de Louis-Napoléon Bonaparte et le plébiscite qui allaient faire de ce dernier l'empereur Napoléon III mettaient un terme à son mandat de député. Il était rentré à Tréguier pour n'en plus repartir.

Quelques années plus tard, en 1856, le train allait jusqu'à Laval. En 1860, jusqu'à Rennes. En 1875, jusqu'à Brest. Le chemin de fer offrait un débouché aux campagnes bretonnes, pauvres et surpeuplées. Les paysans du Léon, de

Cornouaille, du Trégor ou du pays de Vannes immigrèrent d'abord vers les grandes villes de Bretagne : Rennes et surtout le port de Nantes. Mais certains commençaient à aller jusqu'à Paris.

Cette population d'immigrés allait devenir une des plus nombreuses de la capitale, qui faisait alors la découverte de cette province lointaine et exotique. Dans les hautes sphères de la société, des « dîners celtiques » étaient animés par Ernest Renan, sorte de pendant laïc à la figure de saint Yves. Ces dîners étaient l'une des manifestations de ce qu'on a appelé plus tard les « Emsav », les grands mouvements historiques de redécouverte et de valorisation de l'identité bretonne. À la fin du XIXe siècle, lors du premier de ces Emsav, il s'agissait déjà de défendre la langue et la culture bretonnes. Un sentiment d'urgence face aux destructions annoncées par la modernité avait poussé des intellectuels, des bourgeois, à se réunir à Nantes ou Rennes, mais aussi à Paris, pour défendre leur petite nation. Le mouvement essaya de se structurer, il reçut le soutien des membres des cercles druidiques qui commençaient à se développer en Bretagne. Mais il s'égara très vite dans une série de luttes picrocholines pour lesquelles le mouvement régionaliste breton allait montrer, dans les années suivantes, qu'il avait un génie certain. Quand éclata la Première Guerre mondiale, l'Emsav tomba dans l'oubli. Il ne reprendrait vigueur que dans l'entre-deux-guerres, sous une forme bien plus radicale, mais il avait déjà puissamment contribué à réveiller la fierté bretonne.

Pour les pauvres paysans qui arrivaient à Paris, il ne s'agissait pas tant de réveil de la nation bretonne que de trouver un toit, un travail et un bol de soupe. Débarquant de leur campagne, ils se retrouvaient bien seuls à Paris. Contrairement aux Auvergnats, aux Aveyronnais ou aux Savoyards qui avaient mis en place de solides réseaux d'entraide, ils étaient isolés, déboussolés. Les jeunes filles surtout étaient des proies idéales pour les réseaux de souteneurs chargés d'alimenter en chair fraîche les bordels de Paris, la ville de l'amour. La naïveté de ces paysans devint proverbiale, c'est pourquoi, bien que le personnage de Bécassine soit inspiré de la bonne Picarde du dessinateur Joseph Pinchon, dont elle portait le costume, on eut vite fait de la décréter bretonne.

L'afflux de migrants était tel que certains quartiers de Paris et de sa banlieue étaient en train de devenir bretons. Conscient des dangers que couraient ces compatriotes mal préparés à affronter les dangers de la grande ville, un prêtre progressiste, l'abbé François Cadic, avait décidé, au début du XXe siècle, de fonder une « paroisse bretonne » dédiée à l'accueil de ces pauvres hères. Elle était située boulevard du Montparnasse, accueillie dans la crypte de l'église Notre-Dame-des-Champs ; là même où, quelques siècles plus tôt, on avait déposé le cercueil d'Anne de Bretagne avant son dernier voyage vers la basilique Saint-Denis. La paroisse bretonne avait disparu avec l'abbé Cadic mais d'autres initiatives allaient fleurir dont celle d'un autre prêtre, l'abbé Élie Gautier, qui créait, au sortir de la Seconde Guerre mondiale, la Mission Bretonne de Paris.

Aujourd'hui, plus rien ne distingue les Bretons des autres Parisiens. Mais la Mission Bretonne existe toujours, ses locaux se trouvent dans le quartier des Bretons à Paris, rue Delambre, entre la place Edgard-Quinet et le boulevard du Montparnasse. Je m'y rendais quelques jours plus tard, curieux de voir ce qu'il pouvait bien en rester.

15.

Le grand réveil

Sur la gauche du porche, une plaque ornée d'une hermine indiquait « Ti ar Vretoned », la maison des Bretons. J'en poussais la porte. Au fond d'une cour pavée, étroite, lumineuse, entre un escalier de bois et un figuier, était nichée la Mission Bretonne. Une petite femme m'en ouvrit la porte. Elle me fit entrer dans une vaste salle au plafond bas, soutenu par des colonnes. La pièce était plongée dans la pénombre, vide. Nous nous étions assis dans un coin. C'était là, m'expliquait-elle, que depuis des années la mission accueillait les Bretons de Paris.

Mais ce n'était plus l'espèce de bureau de placement qu'elle était à l'origine, à l'époque où il fallait d'abord fournir un logement, trouver un travail ou sortir une fille des griffes d'un souteneur. Avec le tournant des années 1960, alors que la vie devenait plus douce pour les Bretons de Paris, la mission s'était engagée dans des causes plus politiques. Elle était, en cela, devenue une sorte de poste avancé de la Bretagne à Paris : à sa grande époque, une part de la fierté bretonne y a été retrouvée.

Le temps du deuxième Emsav était déjà oublié. Né dans la suite de la Première Guerre mondiale, il avait culminé dans les années 1940. Parmi les ramifications groupusculaires dans lesquelles le mouvement s'était alors dispersé, on trouvait des partisans d'une dictature bretonne de tendance nationale-socialiste, qui lorgnaient du côté de l'Allemagne nazie. D'autres se voulaient fédéralistes, panceltiques, autonomistes, régionalistes, indépendantistes... Tous n'étaient pas politiques : en 1925 était né à Paris le mouvement artistique Seiz Breur, qui tire son nom (les sept frères) d'un conte que racontait sa grand-mère à Jeanne Malivel. Sous l'impulsion de cette jeune femme et d'autres artistes, il s'agissait de créer un nouvel art breton populaire mais « loin des biniouseries » dans lesquelles, le tourisme aidant, il se fourvoyait déjà.

Pour ces militants de la cause bretonne, la figure d'Anne de Bretagne était parfois vénérée, parfois honnie. La célèbre chanson sur la « duchesse en sabots », qui avait laissé « les Bretons dans la peine » car elle était devenue « reine en sabots » aurait été composée à la fin du XIXe siècle par des Bretons de Paris soucieux d'honorer leur province natale. Inversement, en 1932, alors que la IIIe République célébrait le quatrième centenaire de l'unification de la Bretagne à la France, un groupe indépendantiste avait fait son entrée en scène de manière fracassante, en faisant exploser, devant l'hôtel de ville de Rennes, le monument qui commémorait cette union. Il représentait la duchesse Anne à genoux devant le roi de France Charles VIII, son premier époux. Un message signé « Gwenn ha du » (blanc et noir) avait été envoyé à la presse. On pouvait y lire : « Nous ouvrons la lutte pour la délivrance de notre pays en ce jour anniversaire de notre annexion par la destruction du symbole de notre asservissement qui trône au centre de notre capitale. »

L'un de ces militants régionalistes, un certain Morvan Marchal, avait dessiné dans les années 1920 le célèbre drapeau Gwenn ha du, en s'inspirant de celui des États-Unis : cinq bandes noires pour symboliser les cinq diocèses de haute Bretagne où l'on parlait français (Nantes, Saint-Brieuc, Dol, Saint-Malo et Rennes), quatre bandes blanches pour les quatre diocèses de basse Bretagne où l'on parlait breton (Léon, Cornouaille, Tréguier et Vannes), un semis d'hermines. La Bretagne était pourtant déjà dotée de drapeaux fort anciens : le Croaz du, une croix noire sur fond blanc, sorte de négatif du drapeau de sa grande sœur, la Cornouailles ; et celui des ducs, au semis d'hermines.

Mais, pour la Bretagne régénérée dont rêvaient les militants de l'Emsav, il fallait un nouveau symbole : ce serait le Gwenn ha du. Interdit avant-guerre, mal vu après-guerre en raison de ses origines nationalistes, il avait acquis une forme de respectabilité dans les années 1960, d'abord brandi dans les mouvements de contestation syndicaliste, puis par des artistes et enfin hissé au fronton des mairies, des conseils départementaux et des magasins de souvenirs.

Le mouvement était loin d'être uni : après la défaite de juin 1940, ses partisans ne se comportèrent pas de manière homogène face aux Allemands et au régime de Vichy. Certains allaient jusqu'à prôner la résistance. D'autres choisirent la collaboration, espérant en retirer des avantages pour la Bretagne. Ils n'y gagnèrent que l'opprobre.

Dans les années d'après-guerre, l'autonomisme breton changea radicalement de nature politique. Sous l'influence de l'Union démocratique bretonne, créée dans les années 1960, il passa de l'extrême droite à la gauche, devenant ainsi bien plus fréquentable. Ce fut le troisième Emsav. Un célèbre journaliste de l'époque personnifiait bien cette évolution : il s'agissait de Morvan Lebesque. Ce Nantais avait milité avant-guerre au sein des mouvements régionalistes d'extrême droite, publiant dans des feuilles de chou des diatribes indépendantistes, antisémites et racistes. Embauché au *Canard enchaîné* après la guerre, il avait posé un couvercle sur ses erreurs de jeunesse et s'était fait socialiste. La rencontre avec des militants de l'Union démocratique bretonne avait été pour lui l'occasion de renouer avec l'idéal breton de sa jeunesse. C'est alors qu'il écrivit *Comment peut-on être breton ?*, un livre qui allait avoir une grande influence auprès des militants de la cause bretonne. Morvan Lebesque y développait une sorte d'analogie entre la Bretagne et les colonies françaises d'outre-mer qui à l'époque accédaient à l'indépendance. On trouvait aussi dans le livre le fameux poème « La découverte ou l'ignorance », qui, grâce à Tri Yann, m'avait tant marqué dans mon adolescence.

À Paris, artistes et militants gravitaient alors autour de la Mission Bretonne. Ils se retrouvaient sous les voutes du Ti-Jos, célèbre pub breton installé à quelques mètres de là, sur le même trottoir de la rue Delambre, et où avait émergé le renouveau de la musique folk bretonne dans les années 1970 avec des musiciens comme Gilles Servat, Glenmor, Dan Ar Braz ou Alan Stivell.

Ce grand mouvement de réveil a pris la poussière. Les photos de militants bretons des années 1960, avec grosses lunettes d'écaille, collier de barbe, pipe et dentition douteuse ont aussi mal vieilli que certaines de leurs chansons. Mais, malgré leurs excès et leurs erreurs, les Emsav ont permis à la Bretagne de retrouver une part de sa fierté.

Aujourd'hui, le risque, pour elle, de périr, diluée dans la mondialisation ou figée à jamais dans le kitsch, est toujours aussi fort mais les militants de la cause bretonne peinent à se faire entendre. Ils obtiennent parfois des victoires symboliques : le Gwenn ha du hissé devant la mairie de Nantes par exemple. Mais dès qu'il s'agit d'avancées concrètes, ils sont balayés. Ainsi, le rattachement de la Loire-Atlantique à la Bretagne est-il une chimère. Parfois encore, certains de ces combats se mènent à Paris : alors que je travaillais à ce livre, une proposition de loi visant à la promotion du breton dans les écoles publiques donnait lieu à de terribles joutes à l'Assemblée nationale, réveillant le vieux démon centralisateur de la France.

La petite dame parlait toujours, je griffonnais les dernières pages de mon carnet. Désormais, les luttes politiques appartenaient au passé, les petites prostituées des années 1950 étaient devenues des grands-mères et c'étaient les Parisiens qui rêvaient de vivre en Bretagne. Aujourd'hui, les locaux accueillaient surtout des cours de langue, de chant et de danse. Quant au bar de la mission, il avait été fermé en raison des normes sanitaires.

Dans ces conditions, que signifiait encore être breton à Paris ?

Après avoir quitté la mission, je me dirigeais vers le Ti-Jos pour y goûter son célèbre kig ha fars. Mais, à travers un carreau malpropre, je devinais, dans la pénombre d'une pièce poussiéreuse, quelques chaises abandonnées sur des tables. J'avais dû me replier vers les crêperies de la rue du Montparnasse, toute proche. Elles rivalisaient de noms exotiques : Port-Manech, la Bigouden, le Petit-Josselin, la Plougastel dont je poussais la porte. La salle était silencieuse. Je commandais une galette complète. En l'attendant, j'observais le décor, semblable à celui de toute crêperie n'importe où : des morceaux de bahut breton accrochés au mur, des faïences de Quimper, des photos en noir et blanc. Je pensais une fois de plus à Milan

Kundera et à sa définition du kitsch. Il m'apparaissait que c'était à ce stade que se trouvait, désormais, la Bretagne pour les Bretons de Paris.

III.

Eaux qui courent et eaux qui dorment

L'hiver ; Combourg et le mont Dol ; Saint-Michel de Brasparts ; Is ; une fontaine ; Locronan

16.

La mélancolie contre le progrès

En mai 1847, le jeune Gustave Flaubert entreprend, en compagnie de son ami Maxime Du Camp, un tour de Bretagne, prélude à un autre périple qui les conduirait, quelques années plus tard, en Égypte. « À d'autres temps, pour plus tard, les grands voyages à travers le monde, au dos des chameaux sur des selles turques », écrivait alors Flaubert. Ce qui les attend, lui et son ami, pour l'instant, est sans doute plus proche, mais non moins exotique.

Dans un cas comme dans l'autre, en effet, le jeune écrivain entend vivre une grande expérience initiatique car la Bretagne, tout comme l'Orient, est alors perçue comme une source d'inspiration incontournable.

Depuis quelques décennies déjà, dans le sillage de Walter Scott ou des frères Grimm, la jeunesse romantique d'Europe est en quête d'une authenticité balayée par les Lumières, la Révolution, le fracas de l'Empire. Loin de la modernité, de la fumée des usines, des villes cossues et des banlieues miséreuses, la découverte du folklore breton a fait émerger un monde enchanté et charmant. À la fois candide et très ancien, il scintille à l'écart, dans les brumes de l'ouest, à l'extrémité de ce pays qui est toujours la France mais qui n'est plus tout à fait cette nation pompeuse, vorace, bourgeoise, née dans les cendres de la fièvre révolutionnaire.

Planant au-dessus des deux jeunes voyageurs, il y a l'ombre immense de Chateaubriand, le Breton le plus célèbre de son époque. L'auteur d'*Atala*, de *René*, de *Génie du christianisme* a aussi publié *Itinéraire de Paris à Jérusalem*, récit de son grand voyage en Orient, et *Mémoires de ma vie*, avant-goût de *Mémoires d'outre-tombe* dans lequel pointent déjà l'amertume des ombres de Combourg et les solitudes des forêts bretonnes. Avant de fouler à sa suite le sable du désert, c'est donc vers la bruyère et les landes que se dirigent Flaubert et Du Camp.

Leur voyage a été soigneusement préparé, ils ont l'intention d'en tirer un récit qui sera écrit à quatre mains, Flaubert assurant les chapitres impairs, Du Camp les chapitres pairs. Au bout de quelques semaines, les voici à Saint-Malo.

Telles deux midinettes, Flaubert et son ami accomplissent scrupuleusement le pèlerinage sur les traces de l'écrivain. Chateaubriand n'est pas mort mais son tombeau est déjà préparé, selon sa volonté : en aplomb de l'océan, au bout de l'îlot du Grand Bé, non loin des murailles de

Saint-Malo, sa ville de naissance. Ils s'asseyent au pied du caveau vide, observent les flots, songent au cœur du grand homme qui retournera ici à la poussière dont il est sorti puis, grimpant dans une berline, traversent la campagne et, depuis Dol, se rendent à Combourg où on ne les attend pas.

On les laisse pourtant visiter le château médiéval, abandonné depuis la Révolution, emprunter le vieil escalier à vis, voir la petite chambre au sommet de la tour où l'enfant tâchait de surmonter sa peur du noir. Enfin, assis dans l'herbe au pied de l'étang, ils lisent *René* : « À mesure que l'ombre tombait sur les pages du livre, l'amertume des phrases gagnait nos cœurs, et nous nous fondions avec délices dans ce je ne sais quoi de large, de mélancolique et de doux. »

Mettant mes pas dans ceux de Flaubert, j'avais décidé moi aussi d'accomplir le rite mémoriel. Le romantisme du XIXe siècle avait révélé la nature mystique de la Bretagne et il me semblait que c'était la bonne porte d'entrée pour tenter de pénétrer dans ce qu'il est convenu d'appeler l'« âme celte », que l'on dit rêveuse et inspirée, simultanément ouverte vers les choses de la nature et vers celles de la spiritualité. Existait-elle encore ?

Un jour de janvier, je me retrouvais donc dans la grande rue de Dol. Large, ensoleillée, elle serpentait entre les façades médiévales où une boutique de lingerie coquine, une enseigne de prêt-à-porter bas de gamme, un vendeur de viennoiseries décongelées étalaient leurs logos criards par-dessus les voûtes gothiques et les murs à pans de bois des vieilles demeures.

À l'angle d'une impasse, devant un magasin de décoration spécialisé dans les tirelires fantaisie, un buste assez laid avait attiré mon attention. Il représentait Victor Hugo. À côté, un panneau de marbre fournissait cette explication : « Auberge de Grand'Maison. V. Hugo et J. Drouet sont descendus ici le 24 juin 1836. La dépouille de Chateaubriand y fut veillée dans la nuit du 17 au 18 juillet 1848. » Je levais les yeux vers la vieille demeure : la boutique était fermée et, à l'étage, les rideaux étaient tirés devant les fenêtres.

L'ancienne Auberge de Grand'Maison allait garder son mystère. Mais je me souvenais que Victor Hugo avait fait de la grande rue de Dol le théâtre d'une bataille épique de *Quatrevingt-Treize*, son grand roman de la Révolution française. Dol n'est pas une ville, écrit-il, « c'est une rue ». Sous sa plume, elle est balayée par la mitraille et les boulets. Cette bataille scelle le destin des chouans du marquis de Lantenac, décimés par les soldats de Gauvain, son jeune neveu, partisans des idées neuves.

Quant à Chateaubriand, redoutant d'être assailli par la tristesse, il avait décidé, depuis la Révolution, de ne revenir en Bretagne « que les pieds les premiers ». Il était resté fidèle à son intention.

Les deux hommes qui avaient séjourné derrière ces murs, l'un raidi par la mort, l'autre encore pimpant, ne partageaient pas le même point de vue sur la Révolution, mais ils s'étaient retrouvés l'un en l'autre. « Je veux être Chateaubriand, ou rien », écrivait Victor Hugo à l'aube de sa gloire. « Je m'en vais, monsieur, et vous venez », lui avait répondu Chateaubriand.

Est-ce du fait de son admiration pour Chateaubriand que Victor Hugo avait choisi de localiser l'action de *Quatrevingt-Treize* dans le pays de Dol, qu'il affuble indifféremment des noms de Bretagne ou de Vendée ? Pouvait-il ne pas savoir que le château de Combourg, construit pour protéger la cathédrale de Dol, était tout proche ? Il ne souffle mot de la forteresse mais, quelques heures plus tard, alors que je me trouvais au pied des puissantes murailles de granit, je ne pouvais m'empêcher d'établir une correspondance entre les vieilles tours et la lugubre bastille qu'au terme du roman une poignée de guerriers royalistes défend farouchement contre l'armée des Bleus.

La Bretagne est le personnage central de *Quatrevingt-Treize* comme elle est celui des premiers livres de *Mémoires d'outre-tombe*. Victor Hugo l'observe depuis le char du progrès, Chateaubriand depuis les ombres de la mélancolie. Leur point de vue est différent mais ils regardent la même chose. Que voient-ils ?

Pour Victor Hugo, elle est cette « vieille rebelle », incarnation de « la guerre de l'esprit local contre l'esprit central » :

« Toutes les fois qu'elle s'était révoltée pendant deux mille ans, elle avait eu raison ; la dernière fois elle a eu tort. »

En racontant la découverte de sa vocation littéraire, Chateaubriand fait de la Bretagne le lieu de naissance du romantisme : ici, nous dit-il, la nature est encore rude et sauvage, les hommes sont purs ; les passions se déploient sans restriction. Par-dessus ce pays il a posé, comme une chape, les souvenirs d'un passé à jamais disparu, la nostalgie des êtres chers emportés par la Révolution.

Dans *Quatrevingt-Treize*, la catastrophe de la Terreur fait progresser l'histoire. C'est pourquoi Cimourdain, le prêtre défroqué acquis à Robespierre, dépeint Gauvain, le jeune révolutionnaire, comme un « ange mais exterminateur », « écrasant du pied les ténèbres, cuirassé de lumière, avec une lueur de météore au front ». Au pied du Mont-Saint-Michel, Victor Hugo inverse la figure de l'archange terrassant Lucifer. « Les paysans appellent ça la guerre de saint Michel contre Belzébuth », raconte à Cimourdain un aubergiste effrayé par le grondement de la canonnade provenant de Dol. Dans ce combat cosmique, force doit rester à la loi, conclut Victor Hugo à la fin de son livre : ainsi le mouvement des Lumières mettra-t-il fin à l'obscurantisme.

« Regardez ce que vous avez fait du progrès », lui répond simplement Chateaubriand.

Lors de la Révolution, la dépouille de son père avait été sortie de son tombeau et brûlée sur la place du village, au pied du vieux château. Une longue vie d'errance et de voyages, de gloires et de déboires commençait pour l'écrivain. Alors que la Terreur commence à montrer son visage, le voici à Paris. Le murmure de la foule monte à ses fenêtres. Il regarde dans la rue : « Nous distinguâmes deux têtes échevelées et défigurées, que les devanciers de Marat portaient chacun au bout d'une pique. [...] Les assassins s'arrêtèrent devant moi, me tendirent les piques en chantant, en faisant des gambades, en sautant pour approcher de mon visage les pales effigies. L'œil d'une de ces têtes, sorti de son orbite, descendait sur le visage obscur du mort ; la pique traversait la bouche ouverte dont les dents mordaient le fer. "Brigands", m'écriais-je, plein d'une indignation que je ne pouvais contenir, "est-ce comme cela que vous entendez la liberté ?" »

La Terreur passée, la Bretagne disparaît de la vie de Chateaubriand. Napoléon clôt la Révolution, un autre chapitre s'ouvre pour la France. Mais il a permis aux deux écrivains de révéler la capacité de résistance de ce peuple face à la force centralisatrice de Paris ; ce qui l'anime et lui permet de s'opposer à la modernité, nous disent-ils, ce sont les vastes étendues de son âme, profonde comme un lac, énigmatique et sensuelle, constamment tournée vers le ciel. C'est cela que Flaubert et Du Camp, puis plus tard des armées de romantiques, étaient venus chercher en Bretagne. À mon tour, je partais en quête de cette mystérieuse spiritualité.

17.
Retour à Combourg

De Dol à Combourg, j'avais traversé une campagne tranquille et grasse où l'on voyait encore, de-ci de-là, les restes de l'ancien bocage. La silhouette massive du château avait jailli des arbres avant le village. Abandonné à la Révolution, Combourg avait doucement sombré jusqu'à l'état d'abandon dans lequel Flaubert l'avait trouvé : « Dans les chambres, les parquets pourris s'effondrent. [...] Le plafond du salon laisse tomber ses fleurons d'or. » En 1875, un arrière-petit-fils de Jean-Baptiste, le frère aîné de Chateaubriand, avait entrepris de le restaurer. Autre héritage de Victor Hugo, la fascination romantique pour le Moyen Âge battait son plein et le château avait été décoré dans un style néogothique échevelé.

Combourg était fermé. Guy de La Tour du Pin, l'actuel propriétaire du château, était le descendant direct du frère aîné de Chateaubriand. Il avait bien voulu demander à une guide de m'en ouvrir la porte. Je grimpais donc l'imposant perron que l'écrivain avait gravi tant de fois : une jeune femme m'attendait là.

Au fond du vestibule, sa large tête de pierre fixait le vide. Sur la gauche, dans la pénombre d'une petite chapelle donnant sur le parc, luisait un grand crucifix d'argent. Deux prie-Dieu étaient alignés devant l'autel qui baignait dans la lumière vaporeuse dispensée par une fenêtre pâle posée au creux du mur, épais de plusieurs mètres.

La jeune femme me guidait en parlant, je la suivais en rêvant. La cour intérieure avait été fermée au XIXe siècle, le grand escalier était en chêne de Hongrie, le coffre venait de Venise, la grande salle avait été remaniée lors de la restauration du château. Une énorme cheminée occupait le mur qui, désormais, la coupait en deux. Et le vieil homme barbu représenté à gauche du manteau néogothique, c'était Rivallon, le premier protecteur de Dol. Où les enfants, François et Lucile, passaient-ils ces fameuses soirées d'hiver ? C'était au fond du salon, à droite : il y avait désormais un mur encombré de tableaux.

« Lorsqu'en se promenant il s'éloignait du foyer, la vaste salle était si peu éclairée par une seule bougie, qu'on ne le voyait plus ; on l'entendait seulement encore marcher dans les ténèbres. Puis il revenait lentement vers la lumière et sortait peu à peu de l'obscurité comme un spectre, avec sa robe blanche, son bonnet blanc, sa figure longue et pâle. »

Empruntant un escalier à vis, nous avions grimpé dans les étages. La guide marchait devant moi, devisant toujours :

poussant une porte, allumant une lumière, elle m'avait fait entrer dans une grande pièce au fond de laquelle était le petit lit blanc sur lequel il était mort. On l'avait rapporté de Paris. Devant le lit, sa table de travail ; un maroquin de ministre dans une vitrine, un portrait mortuaire sur le mur. Plus haut, nous étions arrivés aux courtines. Elles conduisaient à sa chambre. Des bandes de corneilles tournoyaient autour des cheminées en criaillant.

« Le calme morne du château était augmenté par l'humeur taciturne et insociable de mon père. Au lieu de resserrer sa famille et ses gens autour de lui, il nous avait dispersés dans tout l'édifice. »

Par-delà les mâchicoulis, mon accompagnatrice me montrait le paysage qui moutonnait à nos pieds, le lac, les arbres et les champs. Des meurtrières béaient entre les créneaux. Je m'étais approché pour mieux voir, mais j'avais été pris de vertige. Une sensation de vide dans le ventre, la tête bourdonnante, je m'écartais du parapet et m'appuyais à un épais moellon de granit. Il y avait trop de fantômes dans ce château. Et pas seulement ceux des hommes qui m'y avaient précédé. En m'élevant progressivement au fil des escaliers, en suivant ma guide dans le labyrinthe de la maison, j'avais le sentiment de retrouver les couloirs tortueux et sombres de la grande maison de ma grand-mère, perdue entre le bocage et la forêt, au sud de Châteaubriant.

La jeune femme avait encore franchi quelques marches : nous étions arrivés dans la chambre où m'avaient devancé

Flaubert et Du Camp. Les murs étaient immaculés. Sur la droite, un lit-bateau d'acajou était surmonté d'un lourd crucifix de bois sombre. Mon trouble s'était encore renforcé car je retrouvais, dans cette petite chambre qui avait abrité les terreurs enfantines de Chateaubriand, celle de mon enfance. C'était le même lit : à travers l'édredon dont j'avais déjà ressenti le poids sur mon ventre, je devinais la mollesse et l'irrégularité du vieux matelas de crin. C'était le même crucifix et la même armoire qui devaient luire étrangement dans la pénombre ; la nuit, ce serait la même noirceur, le même silence craquelé de mille bruits funestes et insondables.

« Je me cachais sous ma couverture où je suais à grosses gouttes, et je ne m'endormais qu'au jour. »

Une momie de chat reposait sous une châsse de verre. Elle avait été retrouvée sous une tour construite au XIVe siècle. L'animal, m'expliquait la guide, avait été mis là-dessous pour conjurer le mauvais sort. Après l'avoir retrouvé, on l'avait étrangement déposé dans la chambre de l'enfant.

Nous étions ressortis. La jeune femme m'avait indiqué un grand arbre tordu au pied duquel était une petite croix de pierre. L'arbre et la croix existaient depuis plus de deux cent cinquante ans et l'avaient donc côtoyé. Je m'étais avancé vers eux et, depuis la croix, me retournais pour admirer la silhouette lugubre et massive de l'énorme château. Puis je contemplais les bois de Combourg qui s'étendaient devant moi, silencieux et déserts.

« Il y avait au nord du château une lande semée de grosses pierres. J'allais m'asseoir sur une de ces pierres au soleil couchant. »

J'aurais aimé me promener longuement dans cette forêt. Mais au pied du vieux château, la guide attendait que je m'en aille pour rentrer chez elle. Je la rejoignais.

Je retrouvais le village, désert et tout luisant de pluie. Ses deux bars, le Romantic et le Grand B, étaient fermés. Prévoyant, j'avais acheté quelques canettes de bière dans un supermarché et j'allais les boire au bord de l'étang où l'eau, agitée par le vent, clapotait.

« Une de mes grandes joies en automne était de m'embarquer sur l'étang, et d'aller seul dans le bateau me placer au milieu des joncs. »

Je pensais à Flaubert et à Du Camp romantiquement assis dans l'herbe au bord des flots, feuilletant en soupirant l'exemplaire de *René* qu'ils avaient spécialement apporté pour cet instant, de la même façon que le volume de *Mémoires d'outre-tombe* grossissait la poche de mon manteau. Aujourd'hui, il y a un rond-point à l'angle de l'étang, des maisons modernes ont poussé sur sa rive, dans le bois, la mairie a installé une aire de jeux et des panneaux explicatifs sur la faune et la flore.

Le lendemain je me rendais au Grand Bé. Ce serait la dernière étape de ce pèlerinage. Au sommet du rocher, une pancarte nous apprenait que le site était un « territoire à énergie positive pour la croissance verte », elle avait été plantée au milieu de chardons. Un groupe d'adolescents masqués marchait devant moi, les filles poussant des cris, les garçons courant tout autour, une sorte d'éducateur tâchant de les conduire vers le tombeau. Plutôt que les suivre, je faisais un long détour qui me fit déboucher devant la croix de granit en même temps qu'eux. Je m'adossais à un mur en attendant qu'ils partent, observant cette tombe muette, nue, boudeuse, qui tournait obstinément le dos à la foule. Un bouquet de fleurs achevait de sécher à son pied. Je laissais le Grand Homme à sa solitude, les adolescents à leurs téléphones portables et je redescendais sur la grève.

Comme Flaubert et Du Camp, j'avais marché au bord de ce lac. Je voulais désormais en sonder les profondeurs. Leur périple s'était achevé ici, le mien ne faisait que commencer.

18.

Les feux de saint Michel brillent au sommet des montagnes

Il fallait que je retourne dans les monts d'Arrée. Au printemps dernier, lorsque j'avais découvert, émerveillé, la beauté de ces forêts, j'ignorais le caractère sacré qu'avait longtemps eu, aux yeux de bien des Bretons, cette région particulière. Je venais seulement de le découvrir et, pour mieux le comprendre, j'avais décidé d'y passer de nouveau quelques jours. J'avais même emporté ma tente et mon matériel de randonnée, espérant que, malgré l'hiver, le ciel m'accordât un peu de répit pour me permettre, une fois de plus, de plonger au plus profond des forêts. Janvier ne l'entendrait pas de cette oreille, mais il me réservait bien d'autres surprises.

Mais avant de descendre vers la basse Bretagne, une dernière étape m'attendait encore au sommet du mont Dol.

J'y avais monté en faisant ronfler le moteur de ma vieille voiture le long des lacets incroyablement pentus qui y conduisent. Je finissais d'y grimper à pied. J'avais appris que, là-haut, les rochers gardaient les traces de la lutte ayant opposé le diable à saint Michel : l'un avait été lacéré par les griffes du démon, l'autre avait reçu l'empreinte du pied de l'archange ; une chapelle avait été construite par-dessus. Parvenu au sommet, j'admirais le marais qui s'étendait à mes pieds. Au loin, semblant flotter au-dessus de l'eau, scintillaient les flèches de bronze et les toits d'ardoises du Mont-Saint-Michel ; un peu plus vers le nord, je devinais dans la brume la silhouette chancelante du mont Tombelaine. Je ne trouvais pas les griffures sur le roc et la chapelle était fermée.

Juchés sur une vieille tondeuse à gazon, type mini-tracteur, des jeunes du coin étaient arrivés en même temps que moi au sommet de la montagne. En les croisant dans la montée, j'avais serré les dents, pas vraiment certain de pouvoir les doubler. Et maintenant, arrivés eux aussi tout en haut, ils s'amusaient à faire du cross entre les rochers. Je tirais un sandwich de mon sac et déjeunais debout, dans le vent, tâchant de faire abstraction des hurlements de leur pauvre machine.

J'avais apporté avec moi un livre qui m'aiderait à en savoir plus sur cet endroit. C'était *Le Guide de la Bretagne mystérieuse*, écrit par un certain Gwenc'hlan Le Scouëzec, personnage étrange dont j'aurais l'occasion de reparler bientôt. Voici ce que m'apprenait le livre.

Après avoir combattu sur ces rochers du mont Dol, l'ange et le démon s'étaient envolés dans le ciel. Leur lutte terrible les avait fait retomber au sommet de la montagne qui s'élève au milieu de la baie. Là, saint Michel avait transpercé de son épée de feu la bête qui s'était voulue l'égale de Dieu, et l'y avait ensevelie. C'est pourquoi, pendant des siècles, le lieu avait été appelé le « mont Tombe ».

D'ailleurs, ce n'est pas un, mais deux démons que le chef des milices célestes avait terrassés ici. Tombelaine, c'est la tombe de Belenos, ou Bel, le dieu celtique du Soleil : celle de Belzébuth. Le mont Tombe, c'est la sépulture de Gargan, le géant à face de taureau. Bien loin de là où je me tenais, dans les Pouilles, au sud de l'Italie, une autre montagne elle aussi dédiée à saint Michel portait le nom de Monte Gargano. Elle aurait été libérée par l'archange d'un taureau en furie, symbole de la force primitive et du dieu Gargan. Il y avait aussi un taureau furieux au sommet du mont quand, au VIIIe siècle, Aubert, évêque d'Avranches, y avait fait construire, à la demande de saint Michel, une première chapelle, non sans avoir d'abord mis à bas les deux menhirs qui s'y trouvaient. La bête, c'est le diable. Mais c'est aussi un serpent, dont le corps tout entier est au contact des forces telluriques ; animal pour cette raison révéré par l'ancienne religion des Celtes à laquelle le christianisme s'est substitué, s'enracinant sans mal dans cette culture déjà convaincue de l'immortalité, mais ne parvenant jamais à en extirper complètement le fond de paganisme qui repose encore dans le secret de ces âmes mystiques, brillant et sombre comme une eau morte au creux d'une caverne.

Dans cette vieille Bretagne polie par le vent et la pluie, il suffit qu'un peu de terre s'élève au-dessus de la cime des arbres pour qu'elle prenne le nom de montagne : on dit « menez », ou « mané ». Au sommet de ces montagnes qui étaient sacrées bien avant l'arrivée du christianisme, on trouve souvent une chapelle dédiée à l'archange, signe que la nouvelle religion s'imposait sur l'ancienne, ou bien qu'elle l'avait transcendée. Les chapelles sont bien vieilles maintenant, mais la bête ensevelie sous leurs murs remue encore. Avec leurs cousins les calvaires, avec les cimetières clos et les vieilles églises au cœur des villages, elles sont les derniers témoins d'un paysage qui fut sacré et qui n'a pas encore été tout à fait enseveli sous la croûte de bitume et de béton que la modernité a coulé par-dessus le vieux pays. Par endroits, il survit toujours. À condition d'avoir les yeux pour le voir, on peut encore le trouver : il est dans la nature, mais aussi dans les âmes, parfois de manière inconsciente, parfois volontaire.

Pour le découvrir, c'était vers la plus haute de ces montagnes, vers le plus élevé de tous les calvaires de Bretagne, le menez Mikael, que j'avais prévu de me rendre. Une fois de plus, la route me conduisait vers les monts d'Arrée.

19.

Découverte d'Is

La pluie commençait à tomber quand je remontais dans ma voiture ; un vrai bon crachin breton, fin et implacable. Il me restait presque toute la Bretagne à traverser mais, malgré le mauvais temps, j'avais décidé de ne pas me presser et de passer par les petites routes. Je roulais tranquillement, laissant mon esprit s'évader. Ayant évidemment fini par me perdre, j'avais dû me résoudre à rallumer le GPS de mon téléphone : je me retrouvais vite sur la voie rapide. Effleurant du bout du pied la pédale d'accélérateur afin de ne pas froisser le vieux moteur, je m'étais engagé sur la bande d'insertion avec prudence mais aussi avec consternation : une fois de plus, je constatais mon inaptitude à m'attarder sur les chemins de traverse.

Dinan, Saint-Brieuc, Guingamp ; perdu dans le flot des voitures qui filaient vers les villes de la côte nord, je voyais la Bretagne s'estomper derrière mes vitres. Depuis ces ponts, ces ronds-points, ces échangeurs que la modernité avait plaqués par-dessus le pays, tout devenait irréel. Seules faisaient exception les zones commerciales, dont les magasins parvenaient à s'extirper du brouillard à grand renfort de panneaux criards et de lumières tapageuses.

Quand on s'égare dans ces endroits mornes et tristes, on croise parfois quelques rescapés des pelles mécaniques : un chêne, un églantier, un muret. Ce sont les derniers témoins du pays de haies, de chemins creux et de calvaires qui repose désormais sous les parkings, les galeries commerçantes des hypermarchés et les rues au cordeau des quartiers nouveaux. Ils se font tout petits ; ils espèrent sans doute durer encore un peu. Il ne faut jamais manquer de leur accorder un dernier regard : rien ne garantit qu'à votre prochain passage un coup de godet ne les ait définitivement rayés de la carte.

Les haies sont comme la mémoire de la Bretagne : moins il y en a, plus on en parle. Ça ne change rien à leur affaire : elles continuent de disparaître. Mais de la même manière qu'il existe encore, à l'abri de vieilles haies, des chemins creux oubliés, il y a quelques maisons dans lesquelles la mémoire du pays est toujours bien vivante. J'en ai connu une. Cela s'était passé quelques mois plus tôt, sur la presqu'île de Crozon, où mon journal m'avait envoyé faire un reportage. Il s'agissait de parler de la disparition des noms de lieux anciens au profit d'appellations nouvelles et insignifiantes.

Chaque année, en Bretagne, des dizaines de noms, qui sont parfois les derniers témoins de la très vieille histoire d'un endroit, sont rayés de la carte, remplacés au prétexte qu'ils sont trop compliqués pour les facteurs ou les opérateurs téléphoniques.

C'est ainsi qu'à Plounéour-Trez, dans le Finistère, la rue de Creac'h-Enéour, c'est-à-dire la colline d'Enéour, avait été débaptisée. Elle tenait son nom de ce vieux saint breton, un ermite gallois qui avait vécu au VIe siècle : après avoir traversé la Manche sur son bateau de pierre, il avait construit un ermitage non loin d'une des trois paroisses à laquelle il avait donné son nom : Plou Néour, la paroisse d'Enéour. Plounéour-Lanvern, Plounéour-Menez et Plounéour-Trez : chacune revendiquait l'honneur d'être le lieu où s'est éteint le saint. Mais à Plounéour-Trez, un peu de cette histoire s'en est allé depuis que la mairie avait choisi de transformer la rue Creac'h-Enéour en rue des Lavandières. On aurait pu arguer que les lavandières composent un groupe de femmes mythiques dans les légendes bretonnes, apparaissant parfois aux voyageurs, la nuit, mais il n'en restait pas moins qu'un peu de l'histoire de ce pays s'en était allé, en même temps que cette plaque de rue.

Il se trouvait que le maire d'une petite ville de la presqu'île de Crozon s'était heurté à une résistance inattendue quand il avait voulu, lui aussi, donner des noms de goélands et d'albatros aux allées d'un nouveau quartier. Quels souvenirs, quelles légendes se cachaient sous ces pavillons, ces jardinets et ces trottoirs tout neufs ? Je cherchais des témoins pour me raconter la mémoire de ce vallon qui faisait face à la baie de Douarnenez et c'est ainsi que j'avais fait la connaissance de deux vieilles personnes.

Elles habitaient une ancienne ferme blottie contre la colline, quasi invisible depuis la route. Dans la cuisine, il y avait une table couverte de toile cirée. Elle était poussée contre le mur, sous une fenêtre où venaient s'abattre des paquets de pluie. Une lampe, qui pendait du plafond, répandait un peu de lumière sur le linge que la vieille femme repassait à même la table, après l'avoir posé sur un épais morceau de laine ; une bonne odeur de pommes de terre sortait d'une casserole qui bouillottait sur la cuisinière. Le mari était assis près de sa femme.

Nous avions parlé des noms de lieux. Puis une voisine s'était jointe à nous et, comme il faisait mauvais temps, que nous étions bien autour de cette table, nous nous étions attardés. Au fil de la conversation, j'avais vu progressivement un monde lumineux, enchanteur et joyeux sortir de terre et s'élever autour de nous, par-dessus les rues et les allées de cette petite station de bord de mer.

Dans la montagne juste au-dessus, il y avait le Men Diaoul, le rocher du diable, ainsi appelé parce que le Malin y avait donné un coup de fourche, furieux d'avoir perdu un pari contre le recteur d'Audierne, la ville qui se trouve de l'autre côté de la baie. Si on colle l'oreille contre ce rocher, m'expliquait le vieil homme, on entend les cloches de Keris. « Saviez-vous que la pavée d'Audierne arrivait jusqu'ici ? C'est la route qui se trouve au bout du chemin. Autrefois, elle traversait la ville d'Is. » Nous avions pris cette route pour arriver là : elle plongeait dans la mer. Je ne connaissais pas la légende de Keris et comme nous avions le temps, le vieil homme entreprit de nous la raconter. Autour de la table, on s'était tu.

« Autrefois il n'y avait pas d'eau dans la baie mais une ville immense qui s'appelait Is. Elle était bien plus grande et bien plus belle que Paris ! Le roi Gradlon était un homme sage mais sa fille, Dahud, faisait les quatre cents coups ! Un jour, elle a invité un prince qui portait des habits rouges. Il était beau : elle a passé la nuit avec lui. Le lendemain matin, le prince lui a demandé la clef des écluses parce que Keris, ça veut dire la ville qui est plus basse que la mer. Or, cet homme était le diable : il a ouvert les écluses et la ville a été engloutie. Le roi Gradlon s'est enfui sur son cheval mais Dahud est montée derrière lui. Comme les vagues les rattrapaient, Gradlon lui a donné un coup de pied : elle est tombée dans l'eau. Depuis on entend parfois chanter une sirène dans la baie de Douarnenez : c'est Dahud qui attire les marins. Il y a une chanson aussi qui raconte ça. »

Alors tout le monde – à part moi évidemment – entonna la « Gwerz Ker Is », la complainte de la ville d'Is. Cela commence ainsi : « *Petra'zo nevez e Kêr Is ?* » : « Qu'y a-t-il de nouveau dans la ville d'Is ? » Dehors, le vent apportait toujours plus de nuages et de pluie, mais ici c'était comme si de la lumière avait jailli de la bouche du vieil homme. Nous baignions dans sa chaleur. Nous nous sommes quittés amis, j'ai emporté un peu de cette chaleur avec moi.

Cette rencontre avait été une révélation, une clef qui m'avait ouvert le paysage breton. En sortant de la petite ferme, j'étais revenu sur la route, la « pavée d'Audierne ». Plus bas, la mer faisait rouler ses dernières vagues sur le sable ; le ciel se confondait avec elle dans ce gris insondable, tirant parfois sur le bleu et parfois sur le vert, qui est attirant et inquiétant à la fois. En dessous de cette mer-là, il y avait la ville d'Is. Il suffisait d'avoir les yeux pour voir.

20.

Le réenchantement du monde

L'usine de gâteaux de La Trinitaine se trouve sur la route qui relie Crac'h à Locmariaquer, dans le Morbihan. Si, un beau jour, vous passez devant, ne vous étonnez pas de traverser un nuage embaumé : c'est que l'on sort du four les palets et les galettes. On vendait autrefois les gâteaux cassés dans le magasin de l'usine, où un panier était constamment rempli de morceaux de biscuits offerts à qui en voulait. Le magasin a grandi avec l'usine, les normes sanitaires ont supprimé le panier et les gâteaux cassés.

C'est aujourd'hui un petit supermarché, avec son parking, ses chariots et ses caissières assises devant des tapis roulant. Les clients y déambulent dans les allées débordant de galettes, de fars, de kouign-amann, de bouteilles de cidre et d'andouillettes. On y trouve aussi de nombreux éléments de décoration : porte-clefs ornés d'un phare balayé par la mer, mouettes à aimanter sur son réfrigérateur, dessus de table représentant le « Gwenn ha du ». Il y a bien sûr les inévitables bols bretons en faïence de Quimper, avec leurs personnages naïfs, leurs oreilles et leurs improbables prénoms écrits dessus, au pinceau.

Les bols bretons se trouvent tout au fond de l'impasse dans laquelle s'est égaré un grand mouvement culturel qui a agité le XIXe siècle et une bonne partie du XXe siècle. Ce grand mouvement a conduit Gauguin à Pont-Aven, mais il a aussi poussé des êtres délicats à rebaptiser « Brocéliande » la forêt de Paimpont, près de Rennes ; il explique l'invasion du paysage breton par le kitsch : les fausses épées géantes plantées dans l'herbe au bord des voies rapides, les faux menhirs nains sur les pelouses des pavillons, les crêperies partout, les détestables mamies sautillantes collées à l'arrière des voitures, les marinières et les casquettes de capitaine sur la tête des vacanciers, les vareuses et, donc, les bols bretons, dont le premier fut créé en 1878 à Quimper, pour permettre aux touristes de rapporter un bibelot à exposer sur leur vaisselier. Cette esthétique boiteuse s'est superposée à la Bretagne au fil des décennies, ne cessant de réinventer un pays qui n'a probablement jamais vraiment existé.

À l'entrée de cette impasse se trouve la grande passion romantique pour les pays épargnés par le progrès, insufflée notamment par Chateaubriand et qui m'avait conduit moi aussi à accomplir ce pèlerinage nostalgique et cette promenade au bord de l'étang de Combourg. Elle avait auparavant emporté des générations d'artistes, d'écrivains et de voyageurs dans cette quête d'authenticité. Pour ces romantiques, tout ce qui était nouveau, c'est-à-dire vieux, était bon à prendre. Les paysages, les monuments druidiques, l'âme rude et pure de ce peuple fier et farouche. Mais comment comprendre un pays dont ils ne parlaient pas la langue et où, dans les campagnes du moins, le souvenir de la chouannerie était encore suffisamment frais pour susciter la méfiance à l'égard des étrangers de Paris ? À la suite des artistes il y avait eu les touristes pour qui tout était bon à acheter. Et, donc, les bols.

C'est à Paris que le véritable mouvement de redécouverte du patrimoine breton avait été initié, avec la création, en 1804, de l'Académie celtique, fruit de la celtomanie naissante, dont l'objectif était la recherche et la promotion de la langue des antiquités celtes. Cette « Académie » perdit bien vite la Bretagne de vue, mais elle avait donné une impulsion fondatrice.

Quelques années plus tard, un jeune homme issu de la petite noblesse de basse Bretagne entreprenait de collecter les contes et les légendes populaires de son pays. Il s'appelait Hersart de La Villemarqué et avait titré son ouvrage le *Barzaz Breiz*, ce qui pourrait se traduire comme « le recueil des bardes de Bretagne ». Le livre, publié en 1839, est composé d'une série de chants lyriques. Le premier raconte comment un druide apprend à compter à un enfant. La comptine, explique La Villemarqué, contiendrait les grands principes de la religion druidique. Un autre chant raconte l'histoire d'Azenor la pâle, qui est fiancée « mais pas à son plus aimé » ; un autre, la légende de saint Ronan, qui ressuscita un petit enfant. Le saint avait vécu au Ve siècle sous le règne de Gradlon et avait peut-être contribué, nous dit La Villemarqué, à « la destruction du druidisme » avec saint Guénolé et saint Corentin. Le livre contient encore bien d'autres histoires merveilleuses, emplies de fontaines et d'animaux étranges, de miracles, d'amour et de mort. Le *Barzaz Breiz* est à la mode de l'époque. C'est une lourde étoffe de velours noir, brodée d'or, chatoyante. Il allait avoir un retentissement phénoménal. « Aucun de ceux qui tiennent une plume ne devrait rencontrer un Breton sans lui ôter son chapeau », écrirait, après l'avoir lu, George Sand, la grande amie de Flaubert.

Mais ce qui compte réellement, ce n'est pas le succès de La Villemarqué, ni l'engouement romantique pour les contes bretons. Ce qui compte, c'est la découverte qu'il avait faite en arpentant les landes et les grèves de basse Bretagne.

Pour gagner la confiance de ces Bretons, il lui avait fallu beaucoup de temps. Sa connaissance de la langue l'avait aidé, mais il avait aussi dû se faire présenter par les curés, ou par les petits nobles qui, vivant presque aussi simplement qu'eux, avaient l'estime de ces paysans méfiants à l'égard de ces « messieurs » venus d'ailleurs.

Progressivement, Hersart de La Villemarqué avait compris que les chants que ces hommes et ces femmes acceptaient de lui confier n'étaient pas un tissu de légendes : à leurs yeux, c'était la réalité.

Ils vivaient dans un monde réellement enchanté, où christianisme et paganisme étaient entremêlés, tout comme dans leurs contes. « Maintenant je vais vous dire pourquoi il y a des chansons qu'on n'osait pas trop vous chanter, lui raconte un paysan des monts d'Arrée. C'est que plusieurs d'entre elles ont une vertu, voyez-vous : le sang bout, la main tremble, et les fusils frémissent d'eux-mêmes, rien qu'à les entendre ; plusieurs contiennent des mots et des noms qui ont la propriété de mettre l'écume de la rage à la bouche des ennemis des chrétiens, et de faire éclater leurs veines. »

Comme Hersart de La Villemarqué, d'autres écrivains et apprentis ethnologues ont cherché à illustrer cette spécificité de la « race bretonne ». Parmi eux, il y a eu Anatole Le Braz. À l'instigation d'Ernest Renan, ce fils d'instituteur, originaire, comme lui, de la région de Tréguier, avait entrepris de recueillir ces récits populaires ; essentiellement ceux qui parlaient de la mort. Mais alors que La Villemarqué souhaitait valoriser ce patrimoine pour le défendre, Renan et Le Braz avaient, au contraire, l'ambition de l'étudier « scientifiquement » avant que les lumières de la raison, dont ils s'étaient faits les porteurs, ne le fassent disparaître pour de bon, libérant ces paysans de leurs antiques croyances.

Il y avait tant d'histoires sur la mort qu'Anatole Le Braz y a consacré une bonne partie de sa vie et ces deux très gros ouvrages intitulés *La Légende de la mort* que j'avais découverts quelques mois plus tôt, dans cette librairie de Tréguier. On y découvre le visage d'une mort familière mais terrifiante, qui n'arrive jamais sans vous avoir prévenu – à condition que vous soyez capable d'entendre son message, lequel se lit dans les intersignes, c'est-à-dire « l'ombre, projetée en avant, de ce qui doit arriver ». Exemple : lorsque l'Ankou, l'ouvrier de la mort, se met en route, sa charrette est emplie de pierres. Arrivé près de la demeure où se trouve le futur mort, il décharge la charrette pour préparer la place du macchabé. De là ce bruit terrible que l'on entend toujours près d'une maison où l'on veille un mourant. Vous ne l'avez jamais entendu ? Tant mieux pour vous...

Là encore, ce ne sont pas des légendes que dépeint Anatole Le Braz, mais le monde enchanté dans lequel vivent ses interlocuteurs. Il raconte par exemple l'histoire de cet homme dont la barque avait chaviré à l'embouchure du Guindy, l'étroite rivière qui coule au pied de Tréguier. Toute la nuit, accroché à un rocher, il appelle à l'aide. On retrouve son cadavre au petit matin. « Vous ne l'aviez donc pas entendu ? » demande Anatole Le Braz. « Oh ! Nous entendions bien les appels, lui répond une femme de pêcheur : ils déchiraient assez la nuit ! Mais, à cause de cela même, nous croyions que c'étaient les Âmes de l'enfer de Plougrescant qui hurlaient. » « Dieu me garde de leur imputer à crime, conclut-il. Ce n'est point leur faute s'ils n'ont pas encore répudié l'antique héritage d'une race sur qui pèse si lourdement le joug des superstitions primitives. »

Dans ses *Souvenirs d'enfance et de jeunesse*, Renan évoque lui aussi cette piété populaire particulière, dans laquelle christianisme et paganisme celtique tentent de faire bon ménage. Cela se passe aussi à Tréguier d'où saint Yves, grand défenseur des pauvres, des veuves, des petites gens, est originaire. Il y a, dans la cathédrale Saint-Tugdual, un tombeau magnifique constamment éclairé de bougies – si les bougies s'éteignent, la fin du monde approche, soit dit en passant. Lorsque l'on était accablé par un ennemi, raconte Renan, on pouvait se rendre dans la chapelle Saint-Yves-de-la-Vérité. « Tu étais juste de ton vivant, montre que tu l'es encore », disait-on au saint : l'ennemi mourrait assurément dans l'année.

On raconte aussi qu'à Tréguier des enfants de cire se faisaient baptiser à l'ombre de la lune par des prêtres sacrilèges. La poupée devait ensuite être portée neuf mois durant dans le giron de la « mère » qui, ce rite accompli, se livrait à une série de tortures destinées à donner la mort à celui qu'incarnait la poupée.

Mais la légende qui revient constamment dans tous ces ouvrages, c'est celle de la ville d'Is. Celle-là même que l'on m'avait racontée ce jour de pluie et de vent, dans la pénombre d'une cuisine, entre la montagne de Telgruc et la baie de Douarnenez. C'est par son évocation que Renan démarre son ouvrage ; Anatole Le Braz en livre plusieurs variantes et La Villemarqué explique qu'on la retrouve, quasi à l'identique, au pays de Galles et en Irlande.

« Maudite soit la jeune fille qui ouvrit, après l'orgie, la porte du puits de la ville d'Is, cette barrière de la mer ! »

Pourquoi cette histoire hante-t-elle le cœur des Bretons ?

Le roi Gradlon et son fidèle évêque saint Guénolé, c'est le monde celte converti à la foi chrétienne. La ville d'Is, c'est le paganisme : invisible mais toujours présent sous la surface. La ville a été engloutie, mais Dahud, la sorcière, est encore en vie, on l'entend souvent chanter dans la baie de Douarnenez, on peut même, parfois, la voir et, sous elle, dans l'eau, tout est demeuré : on prie toujours dans les temples intacts, on plante des petits pois dans les champs, les boutiques sont magnifiquement illuminées et les marchands attendent les clients. Un rien suffirait pour que le paganisme remonte à la surface. « En prenant ne fût-ce que pour un sou de marchandise, vous nous eussiez délivrés tous », confie un marchand d'Is à une habitante de Pleumeur-Bodou qui, « étant descendue sur la grève puiser de l'eau de mer pour faire cuire son repas, vit tout à coup surgir devant elle un portique immense ».

Pour quelques Bretons mystiques, cette parabole est l'expression d'une réalité. Ce sont les druides. C'était pour les rencontrer que j'avais prévu de revenir dans les monts d'Arrée.

21.
Invention du druidisme

En octobre 1838, Hersart de La Villemarqué, qui se préparait à publier le *Barzaz Breiz*, assistait, au pays de Galles, à un *eisteddfod*, sorte de festival culturel au cours duquel la Gorsedd, c'est-à-dire le collège des druides, l'avait intronisé. Il avait alors pris le nom de Barz Nizon : le barde de Nizon.

Le druidisme, ou plus exactement le néodruidisme, avait été réinventé en Angleterre quelques années plus tôt, à la fin du XVIIIe siècle, sous l'influence du romantisme naissant et dans le sillage de la franc-maçonnerie. Mais c'est au pays de Galles que la Gorsedd avait été instituée par un certain Edward Williams, dit Iolo Morganwg.

La Villemarqué avait traversé la Manche auréolé de son titre de barde, mais l'histoire en était restée là. Quelques années plus tard, une délégation de Bretons de France, parmi lesquels Anatole Le Braz, avait de nouveau été invitée à participer à un *eisteddfod* au cours duquel, cette fois-ci, elle avait obtenu l'autorisation de créer une antenne bretonne de la société druidique. Le régionalisme était en plein essor et le druidisme serait une façon de plus d'affirmer la particularité bretonne. Ce fut la naissance de la Gourssez Vreizh, ou Gorsedd de Bretagne : le cercle des druides.

De 1900 à 1980, quatre grands druides se sont succédé à la tête de la Gorsedd de Bretagne, mais c'est à partir du cinquième qu'elle a pris un tournant radical.

Jusque-là, on considérait que le druidisme originel avait totalement disparu avec la conversion du monde celte au catholicisme. Il s'agissait surtout, avec le néodruidisme, de défendre une identité et de revendiquer quelques valeurs consensuelles, comme la protection de la nature. En somme, c'était une sorte de club folklorique. Gwenc'hlan Le Scouëzec, dont *Le Guide de la Bretagne mystérieuse* m'initiait depuis plusieurs jours aux secrets des lieux sacrés de Bretagne, en avait fait une spiritualité.

C'était avec ses disciples que j'avais rendez-vous.

22.
Avec les druides

Arrivé à Morlaix, je quittais la voie rapide et me dirigeais plein sud. Au sommet des monts d'Arrée, je retrouvais un pays qui me devenait familier. C'était l'heure du soleil couchant. Le paysage se déployait dans un magistral arc de cercle. En direction de l'est, la ligne de crête se tendait vers une obscurité qui était déjà la nuit. À l'ouest, la silhouette du mont Saint-Michel de Brasparts se détachait en contre-jour, dans les derniers rayons de lumière. Le lac qui se trouve au fond de cette immense cuvette brillait froidement sous ce ciel indécis. Les pentes étaient rousses de bruyère et de fougères. Parfois, un rocher qui avait été une montagne assombrissait ce tapis flamboyant d'une tache gris sombre.

J'arrivais à Huelgoat bien longtemps après le couvre-feu. J'étais heureux de revenir ici. J'avais loué une petite maison à l'écart de la ville : le propriétaire m'y attendait. C'était le genre de type qui vous envoie promener en guise de préliminaire, histoire de voir comment vous réagissez. Il était né pas loin d'ici, à Kernevez, au pied du Tuchenn Kador, le mont du trône, le plus haut sommet de Bretagne, le « trou du cul du monde », précisait-il, pas peu fier. Il connaissait par cœur les montagnes et aimait en indiquer les chemins. Nous passâmes quelque temps devant des cartes, je ne comprenais rien à ses indications, mais j'écoutais patiemment pour me faire pardonner de l'avoir fait attendre. Puis il me laissa. Il plut toute la nuit.

Le lendemain, je quittais tôt ma petite maison. Le propriétaire était dehors et faisait semblant d'être affairé dans son garage : j'allais le saluer, il m'indiqua de nouveau le chemin pour les monts d'Arrée. Finalement, j'aimais assez son attitude : un assez subtil mélange d'affabilité et de rudesse, une forme de retenue qui vous oblige. On la retrouve parfois en Bretagne.

Avant de partir, j'avais un peu de temps pour aller dans la forêt de Huelgoat. Comme je l'espérais, elle était déserte et silencieuse, toute gorgée d'eau. La rivière était gonflée par les pluies de l'hiver : plus impétueuse que jamais, elle s'élançait puissamment entre les blocs de granit ou bien elle les recouvrait d'un coup, comme une vague, et rebondissait à leur pied dans une explosion d'écume. Quittant le chemin, je grimpais le flanc du vallon ; mes pas me guidaient avec certitude vers le rocher contre lequel j'avais dormi au printemps précédent. Sous le tapis de feuilles détrempées, la terre s'enfonçait à mon passage dans un bruit de succion.

Au pied des hêtres, la mousse était d'un vert irréel. Elle agitait vers le ciel des milliers de feuilles minuscules, toutes couvertes de perles d'argent. Je me glissais sous les branches de l'if et m'asseyais au pied du vieux rocher qui m'avait abrité quelques mois plus tôt, pour une dernière nuit dans la nature. Je respirais profondément sa bonne odeur de pierre humide. Plus bas dans la vallée, la rivière grondait joyeusement mais elle ne couvrait déjà plus tous les bruits : j'entendais le cri des corbeaux et des merles, le vent qui passait en agitant la cime des grands arbres. C'était encore l'hiver : les autres oiseaux de la forêt se taisaient. Je restais là longtemps, en silence : à l'abri de ce recoin, je me sentais chez moi.

Maintenant, j'avais rendez-vous à Brasparts, au pied du menez Mikael, avec les druides de la Gorsedd de Bretagne. Au cours de mes recherches j'avais découvert, assez étonné, l'existence de cette bande d'hurluberlus qui reproduisaient, au fond des forêts, les cérémonies des anciens Celtes. Des vidéos tournaient sur Internet. On les voyait vêtus de sortes de grandes aubes blanches, déambulant sous des chênes auprès de lacs. Après quelques coups de téléphone, leur chef, le grand druide Per-Vari Kerloc'h, m'avait permis d'assister à l'une de ces cérémonies : l'Enoualc'h, qui se célèbre en même temps que la Chandeleur. Mais, comme j'allais m'en apercevoir, il n'était pas question de manger des crêpes ce jour-là.

Le rendez-vous était fixé sur le parking de la salle des fêtes. J'y arrivais un peu en avance : quelques voitures étaient déjà garées devant un vieux bâtiment triste, qui semblait à l'abandon. La pluie avait cessé de tomber, une dizaine de personnes patientaient. Je m'approchais, on me salua, je serrais quelques mains puis, me mettant à l'écart, j'attendais.

Les gens bavardaient tranquillement ; une femme montrait des sortes de bols en terre cuite qu'elle avait visiblement fabriqués dans un but connu de tous, moi excepté ; un homme sortait de son sac une espèce de sceau sur lequel étaient dessinées des feuilles de gui. Dans une voiture porte ouverte, une petite fille jouait avec un téléphone portable. D'autres voitures arrivaient : au bout du compte ils furent une vingtaine ; il y avait à peu près autant de femmes que d'hommes, de tous âges. L'un portait une espèce de barbiche blanche ; l'autre, des cheveux longs sous un chapeau de cow-boy en cuir ; un vieux monsieur avec un collier de barbe blanc, genre instituteur à la retraite, tentait de s'abriter sous un parapluie démantibulé ; une jeune fille, style punk avec perfecto, cheveux courts et sweat à capuche noire, était venue avec sa mère, une petite dame enveloppée dans un manteau de fourrure synthétique rose pale. Il y avait de grandes embrassades,

des claques sur les épaules. Chez ces druides-là, on ne respectait pas du tout les gestes barrières.

Le grand druide arriva. C'était un solide bonhomme d'une soixantaine d'années, robuste, ses larges épaules surmontées d'une bonne grosse tête avec d'épais cheveux blancs coupés court. Il salua tout le monde et me présenta : on me regardait sans mot dire, je lançais quelque chose de nul comme « Merci de m'accueillir » et les druides montèrent dans leur voiture. Je prenais place à bord de celle d'un médecin de Douarnenez. En route, il m'expliquait que le druidisme lui permettait de communier avec la nature, « comme quand je fais du surf ». Un petit bonhomme bavard s'était assis sur la banquette arrière : de longs cheveux gris qui avaient dû être blonds, une sorte de casquette sans visière ornée d'un triskèle. Avant de monter dans la voiture, il m'avait glissé, comme un secret honteux : « En fait, je suis normand. » Sans doute avait-il tellement voulu être breton qu'il était devenu druide.

Quelques minutes plus tard, les voitures s'arrêtaient au bord de la route. À peine descendue, la petite troupe s'était métamorphosée. Impossible de reconnaître quiconque. Certains avaient revêtu de grandes aubes blanches, d'autres, des bleues, d'autres, des vertes. Le grand druide portait une tunique immaculée, il avait couronné sa tête d'un bandeau de velours noir orné de branches de gui en argent. Les nuages étaient si bas que nous baignions dans une sorte de pluie impalpable. Un chemin s'enfonçait entre deux talus, on s'y engagea en file indienne : d'abord les verts, puis les bleus, enfin les blancs. Un homme, portant une sorte d'épée fichée dans une branche, fermait cette procession. Derrière, c'étaient les disciples, une étole de couleur verte ou bleue sur l'épaule, puis la jeune à look de punk et enfin un grand échalas à l'air d'oiseau de proie, sorti je ne sais d'où, qui transportait, dans une glacière, des bouteilles dont, heureuse promesse, on entendait le joyeux tintement. Je marchais derrière cette troupe, silencieux.

23.

Près de l'eau de la fontaine

Tout dégoulinait. De l'eau coulait entre les cailloux, les mottes d'herbe semblaient flotter sur la terre. On avait quitté le chemin pour longer un muret. En contrebas, douze grosses pierres disposées en rond surnageaient dans la prairie ; un hêtre moussu veillait sur le champ. On était encore descendus. Nous étions maintenant à l'orée du bois, des myriades de ruisseaux couraient entre nos jambes. Les druides se disposèrent en cercle, autour d'une fontaine de pierre ; l'un d'eux, qui portait une cruche, y puisa de l'eau. Il en versa sur les mains du grand druide qui se les passa ensuite sur le visage. Puis tout le monde en fit autant.

Quand ils eurent terminé, le médecin se tourna vers moi et m'invita, d'un geste de la main. Je rentrais dans le cercle, descendais vers la fontaine, présentais mes paumes à l'homme à la cruche. Il y versa de l'eau. Elle était glacée au creux de mes mains, je la passais sur mon visage : une chaleur bienfaisante me pénétra étrangement. Je quittais le cercle. Passant d'instinct ma main sur ma figure, je constatais qu'elle était déjà sèche.

Puis, trois torches furent allumées et, comme tout ce qui avait été dit depuis le début de la cérémonie, le grand druide prit la parole en breton. Quand il eut fini son discours, on entonna le « Bro goz ma zadou », et ce fut terminé. Il était temps de boire un coup.

L'oiseau de proie avait apporté la glacière à un costaud en aube blanche, pourvu d'énormes mains de laboureur. Il en tirait des bouteilles qu'il décapsulait au fur et à mesure, versant dans nos verres un liquide doré et moussu : du chouchen. La boisson était réconfortante, chaude, voluptueuse. Les yeux des bardes, des ovates et des druides brillaient au-dessus des verres que le grand druide costaud continuait de remplir. L'instant était parfait et je partageais à ce moment-là, avec ces inconnus, un sentiment d'absolue communion avec la nature. Ce genre de sentiment hélas est insaisissable : on n'a à peine eut le temps d'en prendre conscience qu'il est déjà parti.

Malgré la chaleur du chouchen, la pluie nous força à rebrousser chemin. Arrivé au bord de la route, tout le monde se volatilisa en un clin d'œil. Le médecin me raccompagna, nous étions tous deux silencieux. Il me déposa sur le parking et je me retrouvais seul, tout étourdi, devant ma voiture. Au cours de cette improbable cérémonie néo-païenne, j'avais vu le kitsch s'élever au niveau de la beauté.

J'éprouvais aussitôt le besoin de revenir sur place, comme pour m'assurer que cela avait été réel. Je rebroussais chemin, m'arrêtais au bord de la route et descendais vers le pré. Tout était vide et silencieux maintenant. On entendait uniquement le bruit de l'eau qui tombait, le grouillement des ruisseaux sur la terre et, de temps en temps, le croassement d'un corbeau. Je descendais vers la fontaine quand je me sentis fermement saisi à la cheville et soulevé de terre : je fis un vol plané et m'écroulais de tout mon long dans la boue. Je me retournais aussitôt : le pré était désert. La fontaine, devant moi, glougloutait, impassible, le hêtre veillait sur les pierres, le corbeau croassait. Étais-je en train de perdre la raison ? M'étais-je seulement pris les pieds dans des fougères ? Je ressentais une présence hostile dans la lande. Je quittais l'endroit en frissonnant.

Arrivé devant ma voiture, je me débarrassais de mon manteau trempé, essayais d'essuyer la boue de mon pantalon et prenais place derrière le volant. Pourquoi m'avait-on fixé rendez-vous ici, dans ce village perdu au cœur des monts d'Arrée ? *Le Guide de la Bretagne mystérieuse* pourrait peut-être me donner une réponse, je le tirais de mon sac à dos. « Brasparts, expliquait Gwenc'hlan Le Scouëzec, est situé aux portes du royaume de la Mort où la puissance de Dieu ne s'exerce qu'à peine. Non loin de là, en effet, commencent les sortilèges du Yeun Elez, le marais d'Enfer où se manifeste la puissance des anciens dieux chtoniens. Au sommet du menez Mikael, appelé en français le mont

Saint-Michel de Brasparts, une chapelle est placée sous l'invocation de l'archange. Mais il faut croire que les enchantements des vieilles divinités sont plus puissants que sa protection, car l'inquiétude de la mort règne sur cette région plus que sur toute autre en Bretagne. » Il était évident que l'auteur de ces lignes, tout comme ses disciples, croyait vraiment à ce qu'il avait écrit là. Je n'avais pas rencontré les druides ici par hasard.

Dans ce village brumeux, perdu au fond de cette cuvette surplombée par les monts d'Arrée, j'étais descendu tout au fond de la Bretagne, comme un visiteur qui, voulant bien connaître une maison, descend à la cave pour en observer les fondations. Ce que j'y avais trouvé : la manifestation de croyances primitives que je pensais disparues, l'hostilité de la nature, le froid.

Il était temps de remonter vers les hauteurs de la montagne, là où l'air est frais et le vent court plus librement. Je suivais la route qui serpentait entre les haies et de vieilles maisons basses et grises puis me garais au lieu-dit la Croix Cassée : je prévoyais de rejoindre à pied la crête des monts d'Arrée. De là, je gagnerais le mont Saint-Michel de Brasparts.

24.

Dans la boue des morts

À peine sorti de ma voiture, j'eus l'impression d'être plongé dans un étang de boue. La pluie était absolue ; le vent soufflait à toute vitesse, emportant avec lui des morceaux de nuages qui passaient par-dessus les rochers en sifflant. Sur mes vêtements trempés, j'avais enfilé une sorte de cape de pluie en nylon. Elle se révéla bien vite aussi peu imperméable que tout le reste de mon équipement. Je m'engageais pourtant sur le chemin. Parfois, le paysage se dégageait et je devinais la lande autour de moi : fougères, bruyère, ajoncs, courts, rampants, écrasés, miroitants dans la bruine. Rien qui ne dépassât mes genoux et pourtant une force primitive se dégageait de ce tapis fauve et trapu.

Rabattue par les bourrasques, la pluie s'écrasait contre moi. En quelques minutes, tout fut mouillé : mon bonnet, mon manteau, mon pantalon, mes chaussures ; mon tee-shirt me collait au dos, ma cape claquait dans le vent comme une voile trempée, le chemin s'était transformé en rivière où je pataugeais de toutes mes forces.

Je longeais sans même le voir le Tuchenn Kador, et poursuivais mon chemin à travers la lande quand le ciel se dégagea d'un coup et je vis alors à mes pieds l'étendue brune du Yeun Elez, le marais fangeux par où, selon la mythologie celtique, les âmes des damnés sont conduites à l'enfer. Bernanos a dit : « L'enfer, c'est le froid. » Pour les Celtes, c'était la boue et, face à ce marécage noyé sous la pluie, je comprenais bien pourquoi. Les nuages revinrent aussitôt, le marécage disparut et je repris ma marche, glacé, vers le mont Saint-Michel.

Je continuais longuement sur ce sentier grandiose, giflé par la pluie et le vent, trébuchant sur les cailloux dissimulés par les flaques, glissant dans la boue, m'appuyant sur les rochers pour reprendre mon souffle. Alors, tout près de mon visage, je voyais leurs arêtes de granit luire dans la pluie comme les lames de couteaux ébréchés.

Je fus enfin au pied de la montagne : je grimpais vers le sommet. Là-haut, à l'abri du sanctuaire, je serais enfin au sec.

M'élevant progressivement, j'y arrivais. Je gravissais l'escalier qui conduisait à la chapelle. Le vent était si puissant que je devais m'accrocher à la rampe pour ne pas trébucher. Je poussais la porte : aussitôt tout fut calme. Je restais immobile, debout, dégoulinant sur les dalles. Une vieille croix celtique reposait dans la pénombre. Dehors, le vent se fracassait contre les vieux murs de granit, tournait autour de la chapelle comme un rôdeur puis s'en allait en mugissant. Ici, c'était le silence et la paix.

Quelqu'un était passé avant moi et avait déposé, au pied de la croix celtique, une de ces petites bougies rouges que l'on voit dans les églises. Je m'approchais de la flamme qui vacillait dans l'ombre, plaçais mes mains au-dessus, la laissais me réchauffer puis, quittant la chapelle, je plongeais de nouveau dans le vent et dans la pluie. Mais je n'avais plus froid. J'étais comme un nageur qui s'est habitué à l'eau et je marchais gaiement dans les flaques. La lande s'écartait à mon passage.

C'est seulement en revenant à Huelgoat que je pris conscience de mon état : j'étais littéralement gorgé d'eau, je grelottais de froid. Je me déshabillais entièrement et mes vêtements faisaient un bruit de serpillière en tombant sur le sol. Quelques heures plus tard, assis dans un fauteuil que j'avais poussé devant la fenêtre, je regardais tomber la pluie en buvant à petites gorgées un grand bol de whisky chaud. Depuis la tiédeur de la maison, je laissais les images de cette journée particulière prendre leur place dans ma mémoire.

Trois jours après, mes chaussures étaient encore humides.

25.

Chez le Grand Druide

« Le rituel est un moment d'exacerbation de la conscience, pendant lequel on entre en relation courte et intense avec la nature et les autres êtres humains. » Assis dans la cuisine de Per-Vari Kerloc'h, je l'écoutais me parler du druidisme.

Sa maison se situait au 8, rue des Bégonias, quelque part au bord de la baie d'Audierne. J'y arrivais un beau matin : depuis que j'avais quitté Huelgoat et ses forêts, la pluie avait enfin cessé de tomber. La Bretagne faisait le dos rond, se réchauffant à la belle lumière claire de cette fin d'hiver. À l'adresse qu'il m'avait donnée, j'avais trouvé, derrière un portail rouillé, une façade grise aux volets roulés. J'avais sonné : Per-Vari était apparu. Il portait un long pull rouge à col roulé, un survêtement gris, une paire de charentaises. Il m'avait fait entrer.

La cuisine était plongée dans une semi-pénombre où s'agitait une petite femme aux yeux vifs, les cheveux blancs coupés au carré, que j'avais vue quelques jours plus tôt sur le parking de Brasparts. Des chats allaient et venaient sur les meubles. L'un d'eux, assis au bord de la fenêtre, me regardait fixement.

Une branche de gui était suspendue au plafond. Sur le poêle étaient disposées trois allumettes réunies par le sommet, comme trois rayons de soleil. J'avais déjà remarqué ce symbole sur les coiffes des druides le jour de la cérémonie. Une statue de femme aux seins lourds, aux hanches rondes, était posée sur un meuble, deux serpents de bois lovés à ses pieds.

Per-Vari Kerloc'h était extrêmement bavard. Sa pensée s'enroulait le long de circonlocutions complexes, qui l'emmenaient souvent bien loin de la question de départ, mais je le suivais avec intérêt. Le monde dans lequel il vivait, c'est-à-dire essentiellement la Cornouaille et le Léon, était encore enchanté. Il me disait la symbolique des montagnes, des marais et des pierres qui étaient des symboles sexuels. Pour mieux s'expliquer, il avait pris l'exemple de Sainte-Anne-la-Palud. Voici ce qu'il m'avait raconté.

Sainte-Anne-la-Palud se trouve au fond de la baie de Douarnenez. C'est le plus ancien lieu de culte dédié à sainte Anne, celle que l'on appelle « *mam goz ar vretoned* » : la grand-mère des Bretons. Un autre sanctuaire se trouve à Auray, dans le Morbihan, mais il est beaucoup plus récent.

Bien des années plus tôt, Anatole Le Braz était venu à Sainte-Anne-la-Palud. Une vieille femme lui avait raconté la légende de sainte Anne qui était duchesse de Bretagne et avait été emmenée par un ange à Jérusalem, où elle avait donné naissance à la Vierge Marie. Après l'avoir élevée, elle était rentrée chez elle, « à la Palud en Plonévez-Porzay ». Avant de vivre la Passion, Jésus, son petit-fils, était venu lui rendre une dernière visite avec saint Pierre et saint Jean. Il lui avait promis que serait construite une église à cet endroit afin qu'« aussi loin que sa flèche sera visible, aussi loin que s'entendra le son de ses cloches, toute chair malade guérisse ». « Pour mieux appuyer son dire, il planta dans le sable son bâton de route et, aussitôt, des flancs arides de la dune une source jaillit. »

Depuis ce jour, en cet endroit, une chapelle était dédiée à sainte Anne. Palud, cela signifie « marécage » en vieux français : la chapelle est certes toute proche de la mer, mais elle n'est pas dans un marais. C'est parce qu'elle est trop récente. L'autre chapelle, l'originale, était bien dans une zone marécageuse, mais elle a été recouverte par la mer en même temps que la cité d'Is. Pourquoi un marécage ? En vieux breton, marais se disait « *anam* », et Anann était aussi, dans la mythologie celte, la déesse de la Fertilité, mère de tous les autres dieux. Il y avait en Irlande, près de Killarney, un lieu appelé les « seins d'Anann » : c'étaient deux collines. En suivant la route qui allait vers Crozon, au pied du menez Hom, on trouvait aussi deux mamelons et, dans le prolongement de ces mamelons, au fond de cette baie qui représentait un sexe de femme, le sanctuaire de sainte Anne où l'on honorait une déesse de la Fertilité bien avant le christianisme.

Per-Vari cita ensuite la « Prière sur l'Acropole », d'Ernest Renan, une sorte de longue ode antichrétienne, en honneur à la déesse raison : « Des prêtres d'un culte étranger, venu des Syriens de Palestine, prirent soin de m'élever. [...] Tu ne peux te figurer le charme que les magiciens barbares ont mis dans ces vers, et combien il m'en coûte de suivre la raison toute nue. »

À côté de lui, qui parlait toujours, sa femme se levait, préparait du café, nous donnait des gavottes, se rasseyait, apportait une précision, versait le café, se relevait, acquiesçait, s'en allait ramasser les œufs de ses poules, revenait, taillait un chou en morceaux, le mettait à cuire, se rasseyait. « J'ai eu de la chance, disait-elle, je ne me suis jamais fait baptiser. »

Ils semblaient tous deux pénétrés de l'idée que le christianisme était une vaste supercherie, un vernis sous lequel se dissimulerait une vérité profonde, immuable, qui tiendrait du caractère sacré de la terre bretonne, de la persistance de l'âme celte. Ce vernis, le christianisme, et cette vérité, le druidisme, étaient visibles dans le paysage, simultanément : chapelles et fontaines, calvaires et montagnes, cimetières et dolmens.

Ils parlaient de Gwenc'hlan Le Scouëzec, qui avait été grand druide avant lui. La femme : « C'était un être supérieur. Le seul être humain à avoir fréquenté le cercle vide. » Ils ne me dirent pas ce qu'était le cercle vide.

Plus tard, je me procurais des livres de Gwenc'hlan Le Scouëzec. Sa grande idée, que Per-Vari Kerloc'h avait reprise à son compte, était que le druidisme n'avait en réalité jamais disparu. Combattu par le christianisme, il s'était simplement dissimulé mais on en trouvait des manifestations partout en Bretagne ; il était omniprésent et particulièrement visible dans les monuments chrétiens. Il suffisait de savoir regarder. On le retrouvait aussi dans les légendes et les croyances populaires, comme la fameuse histoire de la cité d'Is, qui n'étaient rien d'autre que le grand bréviaire du druidisme dans lequel un esprit éclairé pouvait redécouvrir les enseignements occultes.

Après la réapparition du druidisme sous l'impulsion de Iolo Morganwg, au XVIIIe siècle, il était revenu en Bretagne mais d'abord de manière très folklorique. « Gwenc'hlan Le Scouëzec nous a fait franchir un saut qualitatif immense, poursuivait Per-Vari Kerloc'h. Le druidisme contemporain lui doit tout. »

La petite femme avait préparé des saucisses au chou. Ils me proposèrent de déjeuner avec eux mais j'avais besoin de prendre l'air. Je les quittai. « Ce fut un plaisir », dit-elle en me raccompagnant. Le vent du large me fouetta le visage quand je sortai de leur maison.

Le grand druide habitait non loin d'un célèbre lieu de pèlerinage : Locronan. Tous les six ans s'y déroule un des plus grands pardons de Bretagne : la Troménie, un parcours de douze kilomètres calqué sur celui d'un ancien culte celtique. L'église était vide quand j'y entrais. Sur la droite, dans une chapelle latérale, une très vieille statue polychrome figurait un saint Michel terrassant le dragon.

Il y a deux siècles, dans les régions les plus ferventes de basse Bretagne, le bas Léon, la basse Cornouaille, ou bien en haute Bretagne, la fidélité au christianisme avait été le moteur de la chouannerie. Au XIXe siècle et pendant toute la première moitié du XXe, la Bretagne avait été le premier pourvoyeur de prêtres de France. Puis, à partir des années 1960, tout avait disparu à une vitesse stupéfiante.

Plus personne n'allait à la messe. Faute de prêtres, les églises avaient fermé les unes après les autres. Parfois, le dimanche, quelques vieilles célébraient en chevrotant une cérémonie au pied d'un autel vide : le curé viendrait le mois prochain, il avait désormais quinze paroisses à sa charge. Le vernis craquait de toute part, mille cinq cents ans de christianisme étaient en train de tomber dans l'oubli.

À la différence des prêtres de Bretagne, les druides étaient restés fidèles à la langue bretonne. Pour qui ne le connaissait pas, le breton conférait à leurs cérémonies une beauté mystérieuse ; pour qui le parlait, il donnait accès à un autre univers. C'était leur force.

J'avais appris l'existence d'une sorte d'ermite qui tentait encore de concilier tout cela. Il s'appelait Job an Irien, on disait « Tad Job », c'est-à-dire père Job. Dans les années 1980, il avait créé à Tréflévénez, près de Landerneau, une sorte de prieuré catholique tourné vers la spiritualité celtique : le Minihi Levenez. On y disait la messe en breton. C'était maintenant un vieil homme aux gestes mal assurés, au visage creusé par le temps, qui m'avait accueilli à l'entrée du Minihi. Dans sa cuisine, cela sentait bon la pomme. Il y avait des livres partout et, sur un mur, une photographie où on le voyait jeune, pipe à la bouche, sa casquette de marin vissée sur le crâne.

Tad Job faisait partie de ces Bretons chez qui l'usage de la langue ne s'était jamais interrompu. Ses parents l'avaient élevé en breton, il était allé à l'école pour apprendre le français : depuis, il marchait sur ces deux jambes. « Savez-vous qu'en Cornouailles britannique les cercles druidiques ont des aumôniers chrétiens ? » me demanda-t-il.

Là où le grand druide Per-Vari Kerloc'h dénonçait une escroquerie, il voyait une transmission : la spiritualité celtique avait préparé la spiritualité chrétienne. C'est pourquoi, expliquait-il, le christianisme s'était répandu aussi vite et sans martyrs dans les pays bretons. « Le monde celte voyait une trace de Dieu dans les énergies de la terre. L'idée que l'on retrouvait le divin dans la nature et dans les autres hommes était déjà admise quand sont arrivés par ici les moines d'Irlande ou de l'île de Bretagne. Pour eux, il allait de soi d'établir des lieux de culte dans des endroits qui étaient déjà sacrés, comme Sainte-Anne-la-Palud ou Locronan. » De la même manière, assurait-il, les églises du Léon étaient toujours construites au-dessus de rivières souterraines, à proximité de fontaines, c'était selon lui, à la fois une tradition celtique et un symbole chrétien de résurrection.

Ce qui était arrivé dans les années 1960 ? Les Bretons avaient arrêté de parler leur langue. Alors, disait Tad Job, ils avaient oublié qui ils étaient. « Quand je vois quelqu'un apprendre le breton, je sais qu'il va récupérer quelque chose de lui-même : ça me réjouit. »

Il me faisait penser à une feuille d'automne qui tremble encore au bout d'une branche : elle est encore là mais on sait que bientôt l'arbre sera nu. Il me rappelait aussi la vieille ferme où, au bord de la baie de Douarnenez, j'avais découvert la légende de la cité d'Is. Dans sa cuisine, comme là-bas, brillait encore une petite lumière : c'était la mémoire d'un peuple. Mais elle faiblissait à vue d'œil. Qui, après lui, la ranimerait ?

26.
L'adieu à saint Michel

C'était déjà la fin de ce voyage en Bretagne. Comme toujours quand je devais la quitter, j'étais un peu triste de remettre le cap à l'est et, pour ne pas partir trop vite, je voulais faire un dernier détour.

Au niveau de Guénin, dans le Morbihan, je quittais la voie rapide. Par-delà une rivière, il y avait une colline appelée le Mané Gwenn, c'est-à-dire la montagne sacrée.

Arrivé tout en haut, je trouvais de nouveau une chapelle dédiée à saint Michel ; un peu plus loin, des pierres qui, selon la tradition, avaient servi à l'accomplissement de sacrifices humains. Le parfum beurré des ajoncs se répandait au sommet de la colline ; les oiseaux saluaient le retour de la lumière. L'implacable stérilité de la vie moderne n'avait pas encore atteint cet endroit : il y restait encore une petite place pour le mystère et la rêverie.

Mais soudainement l'apparition d'un groupe de joggeurs en tenue jaune fluo, sautillant entre les pierres druidiques, me ramena à la triste réalité. Je dus revenir à ma voiture.

Quelques semaines plus tard, alors que j'avais repris le cours habituel de mon existence, je recevais ce SMS du grand druide Per-Vari Kerloc'h : « Je suis tombé, dans nos archives, sur l'admission d'un barde de Dirinon nommé Arthur de Dieuleveult. Cela s'est passé à Locmaria en 1928. » Son nom de barde était Arzur Breiz, c'était mon grand-oncle.

IV.

En dehors du dedans

Le printemps ; la Cornouailles : Penzance, le mont Saint-Michael ; Tintagel ; une rivière

27.

Description de la Cornouailles

Un bras enfoncé dans l'eau. Au bout de ce bras, entre le pouce et l'index, une baie tournée vers l'océan Atlantique qui doit son nom – Mount's Bay – à un autre mont Saint-Michel. Côté nord, la mer Celtique ; côté sud, la Manche. Entre les falaises, des plages de sable très blanc battues par la houle, qui sont devenues des spots de surf ; des criques minuscules qui sont devenues des villages de pêcheurs ; des rivières au fond d'anses qui sont devenues des ports. Pas de montagne mais des landes. La plus haute colline de Cornouailles culmine à 417 mètres : le vent court librement sur ces terres très anciennes où l'on exploitait autrefois les métaux. Un peu partout, dans les champs, au milieu de la lande, sur le rebord d'une falaise battue par les vagues, des bâtiments désaffectés, surmontés de hautes cheminées de brique, témoins silencieux de ce passé minier.

Dans les landes, on voit de grosses boules blanches posées sur quatre baguettes : ce sont les moutons. Pour les distinguer, les bergers leur dessinent des taches de peinture sur le dos. Au sommet des collines, des blocs de granit ciselés par le vent que l'on appelle des tor. À leur pied, des menhirs et des puits de descente vers les anciennes mines. Les moutons tombaient dans les mines et broutaient le pied des menhirs : afin de protéger tout cela, on a posé des barrières. Ce sont les seuls obstacles que l'on peut trouver sur la lande. Autrement, le parfum des ajoncs, des bruyères très rases, de petits bosquets qui courbent le dos sous le vent.

En grimpant au sommet des tor, on voit venir les nuages de très loin, si bien que, même si le soleil brille là où l'on est, on se prépare déjà à la pluie qui arrive, et inversement. Sur la crête des collines se détachent parfois des silhouettes : si elles bougent, ce sont des bergers qui rameutent leurs moutons et la petite ombre qui file autour d'eux est leur chien. Si elles sont immobiles, ce sont encore des menhirs.

Les rides qui sillonnent cette vieille terre sont des vallées. Quand elles sont assez profondes et assez encaissées, le vent saute par-dessus sans même s'en apercevoir, si bien qu'au fond les arbres peuvent pousser librement. Et comme il pleut sans cesse, qu'il ne fait pas froid et que les Anglais aiment les arbres, ils atteignent des proportions considérables. En bas de ces vallées, il y a encore les rivières, les rochers et la mousse.

La Cornouailles ne connaît pas de grandes villes. La capitale du comté, Truro, compte à peine vingt mille habitants. Plymouth est dans le Devon, de l'autre côté d'une rivière un peu plus large que les autres qui fait la frontière : la Tamar. Mais il y a partout des villages et des maisons. Les maisons sont blanches, avec l'encadrement des fenêtres peint en noir et de grosses cheminées rondes. On devine, à ces cheminées et ces fenêtres, qu'il doit faire bon être à l'abri derrière ces murs, assis au coin du feu en buvant du thé, les jours de mauvais temps.

Entre les vallées et la lande, il y a des champs. Dans leur grande sagesse, les Anglais se sont abstenus d'arracher les haies. Sur les photographies aériennes, elles dessinent toujours une multitude de petites frontières au creux desquelles les vaches s'abritent du vent, le soir venu.

Jusqu'à présent, les habitants de Cornouailles ont été à peu près épargnés par l'épidémie de ronds-points, de chicanes et d'échangeurs géants qui frappe la Bretagne. Pour relier ces champs, ces vallées, ces villages et ces landes, il y a des routes d'une infinie exiguïté sur lesquelles, pour ne rien arranger, les haies débordent constamment. Lorsque votre voiture s'en approche un peu trop, elles font grincer leurs branches contre la carrosserie d'une manière très désagréable, en guise d'avertissement.

C'est sans doute pour prouver qu'ils sont à la hauteur de leur réputation que les Anglais conservent des routes aussi étroites. Y conduire est un art qui demande beaucoup de sang-froid. Quand deux voitures ne peuvent se croiser – c'est fréquent – on fait marche arrière jusqu'à trouver une petite encoignure dans la haie. Alors, d'un geste de la main, le chauffeur d'en face vous invite à avancer. On se frôle, on se salue sans lâcher le volant et on continue, prudemment. Parfois, des pelles mécaniques, des camions, des tracteurs gigantesques s'aventurent sur ces routes. On parvient tout de même à passer : les Anglais ne s'énervent jamais quand ils conduisent, cela aide.

Dans certaines régions de Cornouailles, au nord-ouest par exemple, les haies poussent au sommet de murets dont les pierres sont disposées en chevrons. Ce sont des œuvres d'art dont le savoir-faire est en train de se perdre.

Autour des maisons, quand le vent le permet, il y a des massifs d'hortensias aux feuilles vertes comme de la laitue, des camélias qui ressemblent à des arbres, des fuchsias étonnants et le parfum poivré de petites roses d'Inde constamment emperlées de rosée.

Voilà la Cornouailles.

À quelques détails près – les routes, les haies, les ronds-points – on pourrait se croire en Bretagne. Mais ce serait oublier l'essentiel : contrairement à ceux de la Bretagne, les habitants de Cornouailles sont des Anglais. Cela change tout.

28.

Apparition d'Arthur

Longtemps, Bretagne et Cornouailles ont eu un drapeau similaire. Celui de Bretagne était une croix noire sur fond blanc, celui de Cornouailles était une croix blanche sur fond noir. L'un était le reflet de l'autre : ce ne peut être un hasard tant l'histoire nous enseigne que la première provient de la seconde.

Je ne m'étais pas rendu en Cornouailles simplement pour en admirer les paysages et boire de bonnes pintes d'ale dans les pubs mais pour tâcher d'établir les liens qui l'unissaient encore à la Bretagne. Ainsi, vue de l'autre côté de la mer, j'espérais mieux la comprendre. Or cette quête m'avait très vite conduit à un personnage que, comme tout le monde, je connaissais mais fort mal : le roi Arthur et son équipe de chevaliers errants. S'il a existé, c'est en Cornouailles qu'est né Arthur, derrière les murs de la forteresse de Tintagel et, s'il est mort ou, du moins, s'il a disparu physiquement comme le prétendent certaines légendes, c'est dans un lieu-dit Camlann, revendiqué lui aussi par la Cornouailles.

L'émergence de la figure d'Arthur est intimement liée à l'histoire de la Bretagne et des peuples bretons. Elle remonte à l'une des périodes les plus obscures de notre histoire, que les historiens anglais ont appelé « *dark ages* » non pas en raison de sa cruauté mais parce qu'on n'en sait à peu près rien. L'ombre est favorable à la naissance des légendes. Or, pendant deux siècles, entre l'an 400 et l'an 600, elle s'est répandue sur l'île de Bretagne. Il faut maintenant que je m'y arrête un peu car, bien qu'obscure, ou peut-être même du fait de son obscurité, elle a engendré deux événements sans lesquels la Bretagne ne serait pas ce qu'elle est devenue. Le premier est de nature historique, c'est la grande séparation du peuple breton en deux peuples, installés des deux côtés de la Manche. Le second est de nature mythique : c'est la naissance de la légende du roi Arthur. Comme souvent lorsque l'on parle de ce vieux pays, l'histoire et la légende sont si intimement mêlées qu'il est presque impossible de les différencier. C'est ce qui donne sa profondeur à cette histoire, et leur puissance à ces légendes.

À la fin du IVe siècle, l'Empire romain craque de partout. Pour maintenir un front à peu près uni, l'empereur Honorius décide d'abandonner l'île de Bretagne à son sort. Il laisse derrière lui des Bretons romanisés en surface, mais convertis au christianisme – la religion officielle de l'Empire – et convaincus des bienfaits de la civilisation romaine au point de se dire « romains ». Longtemps, bien qu'oubliées par Rome, les élites bretonnes tâcheront de rester fidèles au droit romain et conserveront sur les champs de bataille un avantage militaire grâce aux techniques de combat héritées des légions. Comme les Romains, les Bretons sont confrontés à l'avancée des Barbares : au nord, les Pictes franchissent de plus en plus souvent le mur d'Hadrien. À l'ouest, des pirates scots, venus d'Irlande, ravagent les côtes et commencent à s'y installer. Les Bretons font alors appel à des mercenaires du continent : ce sont les Angles, de redoutables guerriers, que l'on appelait aussi Saxons en raison du long couteau avec lequel ils opéraient pendant le corps à corps : le scramasaxe.

Mais les Saxons se plaisent dans les riches plaines qui entourent Londres, au point de s'y installer, de plus en plus nombreux, puis de vouloir dominer le pays. C'est un nouveau déferlement qui repousse progressivement les Bretons vers l'ouest, et finira par les couper en deux sur l'île de Bretagne. Au nord, à l'abri du mont Snowden, se réfugient ceux qui deviendront les Gallois. Mais au sud, dans ce qui serait plus tard la Cornouailles, les rivières et les mottes castrales ne suffisent pas à arrêter l'avancée des Saxons. Repoussés progressivement vers la mer, les Bretons n'ont plus d'autre solution que de la franchir.

Il m'avait fallu une après-midi pour traverser la Manche. Par beau temps, avec vent portant, mille cinq cents ans plus tôt, un bateau pouvait faire la traversée en une journée. Dans ces bateaux, il y avait des exilés et des missionnaires : c'étaient les futurs Bretons, et les futurs saints de Bretagne. Selon la coutume, on en compte 7 847.

De l'autre côté de cette mer, ces voyageurs savaient que des cousins les attendaient : les côtes nord de l'Armorique étaient occupées depuis plusieurs siècles par des Bretons que les Romains avaient fait venir jadis pour garnir leurs forteresses et lutter contre les pirates francs. Ces Bretons avaient fait souche en Armorique.

C'est ainsi que, simultanément, alors que l'île de Bretagne se transformait radicalement, s'éparpillant en une mosaïque de royaumes en constante guerre les uns contre les autres, l'Armorique devenait la « petite Bretagne » et se convertissait à la religion catholique. Cet héritage breton et chrétien la marquerait à jamais.

Un événement majeur intervient alors, et il nous projette dans la dimension légendaire de cette histoire. Il est cité par le seul texte que nous ait légué cette période. On le doit à un moine du nom de Gildas, qui vécut au VIe siècle et allait devenir saint Gildas. Intitulé « Sur la chute de la Bretagne », c'est une sorte d'homélie de nature prophétique, sur le modèle de l'Ancien Testament. Gildas y établit un parallèle entre Israël et les Bretons, nouveau peuple élu dont les vicissitudes dépendent de la fidélité au message divin. Quand les Bretons sont fidèles à Dieu, ils sont heureux et remportent des batailles. C'est pourquoi, explique Gildas, aux environs de l'an 500, une grande victoire a eu lieu au sommet du mont Badon contre les Saxons, et ce fut « sans doute la dernière, et pas la moindre, des défaites infligées à ces coquins ». Il est probable en effet que cette bataille, si elle a vraiment eu lieu, ait marqué un temps d'arrêt dans l'expansion des Saxons.

Deux siècles plus tard, un autre religieux, du nom de Bède le Vénérable, entreprend, mais plus savamment que Gildas, de raconter « l'histoire ecclésiastique du peuple des Angles ». Entre-temps, les Saxons, ou Angles, ont embrassé la religion catholique et se sont solidement établis sur l'île de Bretagne. Cette fois-ci, l'aventure du mont Badon est racontée de leur point de vue et cette défaite est bien la dernière, mais avant une série de victoires sur les Bretons.

La trame historique proposée par Bède est la première de l'histoire à prendre pour point de départ la naissance du Christ. Selon lui, les Romains ont quitté l'île en 410, les Angles y ont débarqué en 449, et c'est dans les batailles qui suivent qu'a eu lieu la défaite du mont Badon, qu'il ne date pas. Le texte de Bède le Vénérable allait faire autorité mais sa chronologie présentait encore de nombreux interstices dans lesquels pouvait se nicher l'imagination des chroniqueurs.

Désormais, deux savants font mention de cette bataille : cela rend l'existence du mont Badon incontestable, de même que cette grande victoire des Bretons sur les Saxons. Nul n'a jamais pu localiser la fameuse montagne mais c'est pourtant là qu'Arthur allait faire son entrée en tant que personnage historique. Dans un texte du IXe siècle intitulé *Histoire des Bretons*, et dont l'auteur a sombré dans l'anonymat, on trouve pour la première fois mention d'un « chef des batailles », un chevalier du nom d'Arthur et qui, portant sur son bouclier une image de la Vierge Marie, la mère du Christ, emporte victoire sur victoire contre les Barbares. Dans les deux siècles qui suivent, le personnage d'Arthur revient : parfois c'est pour le mettre à l'honneur, parfois pour le dénigrer. Mais à chaque fois qu'il est cité il devient un peu plus réel.

Parallèlement émergent des récits légendaires, issus des mythes celtiques. Ces histoires, qui étaient racontées par les bardes, en langue galloise ou bretonne, n'avaient pas l'aura de sérieux des textes savants écrits en latin, il en reste donc peu de traces. On trouve dans ceux qui nous sont parvenus les thèmes qui allaient faire le succès de la « matière de Bretagne » : amours de mortels avec des êtres surnaturels, quêtes mystiques, esprit d'aventure, métamorphoses, magie, passages entre les mondes... Parmi ces histoires, les « Triades de l'île de Bretagne » qui évoquent « les trois dévastations excessives de l'île de Bretagne » : Arthur y apparaît encore. Son nom proviendrait des mots *arth* (ours) et *gur* (homme) ; un homme possédant les qualités d'un ours, ou bien l'inverse. On y trouve aussi les figures de la reine Gwenhwyfar (le fantôme blanc), c'est-à-dire Guenièvre, et de Medrawd, le futur Mordred, fils incestueux d'Arthur qui causera sa perte. D'autres personnages sont aussi évoqués dans les lais, ces courts récits d'origine celtique qui allaient bientôt circuler dans tout l'Occident chrétien. C'est par exemple Cei, qui deviendra plus tard le « sénéchal Keu » et dont le nom proviendrait du latin Caïus. Ou encore Bedwyr, qui deviendra l'échanson Bedyvere, fidèle entre les fidèles ; Gwalchmei qui sera Gauvain, le modèle du chevalier galant. Ces récits seraient sans doute restés cantonnés à la légende si un savant du nom de Geoffroy de Monmouth ne les avait intégrés dans l'histoire sérieuse, celle des historiens de la bataille du mont Badon.

Dès sa naissance, dans l'*Histoire des Bretons* du IXe siècle, Arthur est auréolé de légendes et de mythes. En poursuivant un sanglier – symbole païen –, son chien fait des trous dans les pierres. Après avoir tué son propre fils, il creuse un tombeau dont la taille ne cesse de varier. Mais avec Geoffroy de Monmouth, cela va prendre une autre dimension. Installé à Oxford, dans l'embryon de ce qui allait devenir une des plus brillantes universités d'Europe, Geoffroy de Monmouth avait probablement amené avec lui, de son pays de Galles natal, les légendes celtiques. Il en fit bon usage.

Vers 1135, il publie une *Histoire des rois de Bretagne* dans laquelle il est le premier à donner une place importante à Arthur. Le chevalier y est devenu le roi des Bretons, qui parvient à rétablir la paix et l'harmonie sur l'île de Bretagne et va même traverser la Manche pour combattre l'empereur de Rome. Mais, alors que le roi est en Gaule, Mordred séduit la reine Guenhumara et s'empare du trône. Arthur revient en catastrophe pour livrer sa dernière grande bataille, à Camlann, en 542. À cette trame historique s'ajoutent des récits légendaires, des aventures de chevaliers emplies des valeurs courtoises qui étaient en train de faire leur apparition au sein de la noblesse. Le fait que l'*Histoire des rois de Bretagne* ait été écrite en latin, par un clerc d'Oxford, lui donne un caractère sérieux et, surtout, lui permet d'être diffusée dans tout l'Occident chrétien, où son succès va être fulgurant.

Quelques années plus tard, un auteur normand reprendra à son tour la « matière de Bretagne » en y apportant un ajout majeur : la table ronde, modèle parfait de la chevalerie, où chacun est égal à l'autre. Est-ce à cette époque que la légende d'Arthur a franchi la Manche ? Ou bien avant ? On sait combien la mer reliait alors, plus qu'elle ne les séparait, les deux Bretagnes.

Toujours est-il qu'à la fin du XIIe siècle Chrétien de Troyes dédie *Lancelot ou le Chevalier à la charrette* à Marie de Champagne. Cette femme est née du premier mariage d'Aliénor d'Aquitaine, qui a depuis épousé le roi d'Angleterre, Henri II. A-t-elle rapporté de Londres la matière de Bretagne ? Contrairement à ses prédécesseurs, qui s'efforçaient tant bien que mal de faire cohabiter l'histoire sérieuse et la légende, Chrétien de Troyes se libère de la chronologie : il crée une histoire et le revendique. Il écrit dans la langue de tous les jours, en prose : il a inventé le roman. Après lui, la matière de Bretagne se répand dans toute l'Europe ; puis elle revient en Angleterre : pour mieux asseoir leur légitimité, les rois d'Angleterre « découvrent » dans le monastère de Glastonbury une tombe attribuée à Arthur et à Guenièvre. Ils en font une sorte de pendant britannique à l'abbaye de Saint-Denis, où les rois de France venaient se faire enterrer aux côtés de Clovis.

Dès lors, nul ne cherche plus à savoir si Arthur est historique ou légendaire. Il prend place dans la culture européenne. Que nous ayons lu ses aventures ou non, nous en sommes tous les héritiers. C'était sur la simple évocation de son nom que je m'étais décidé à me rendre en Cornouailles : dans le lieu de naissance du roi Arthur, j'étais convaincu de découvrir une version authentique de notre Bretagne continentale. Était-ce pure naïveté ?

29.

Trop de thé au lait

À Plymouth, j'avais loué une voiture. Elle m'avait conduit jusqu'à Penzance, tout au bout de la Cornouailles. Me garant sur un parking situé à l'extérieur de la ville, j'y avais déambulé, tout étourdi par le long voyage que je venais de faire. J'étais arrivé là l'esprit encombré de légendes arthuriennes, de cousinages celtiques, de résonances telluriques entre nos deux terres, mais voici que je me retrouvais dans une cité balnéaire anglaise, au beau milieu d'Anglais en vacances.

Il y avait, dans les rues de Penzance, des magasins de jeux pour la plage, un Rotary club, des supermarchés où l'on vendait des légumes emmaillotés dans du plastique et de grands sacs de bonbons au goût chimique. C'était la fin de l'après-midi. Sur la promenade, des Anglais tenaient à la main un emballage en carton dans lequel ils piquaient des morceaux de *fish and chips* à l'aide d'un minuscule trident en plastique blanc. Certains, assis sur le muret, face à la mer, buvaient de la bière ou du vin mousseux. Au fond de la baie se détachait la silhouette du mont Saint-Michael, si étonnamment semblable à celle de notre Mont-Saint-Michel, coiffée comme lui de clochers et de murailles gothiques. À mes pieds, les vagues roulaient des galets. Un cormoran essayait d'attraper les derniers poissons de la journée.

J'avais trouvé sur Internet une petite maison de bois, au fond d'un jardin, à Newlyn, un village au bout de la baie. Elle était tout en haut d'une colline. On y accédait, entre deux rangées d'hortensias, par un chemin de terre où la pluie avait creusé des flaques. Ma maison était posée sur un gazon très vert où rôdaient deux chats. Le soir, sur la terrasse, je dînais de morceaux de cheddar arrosés de longues rasades de cidre sur et très frais. Les chats se coulaient entre mes jambes en ronronnant, je leur tendais de petits bouts de fromage qu'ils tâtaient du bout de la patte puis snobaient. Le jour s'était couché, l'humidité montait du sol et remplissait l'atmosphère d'une vapeur très fine ; des étoiles que je ne connaissais pas brillaient au-dessus de moi. De la maison voisine m'arrivaient des bruits familiers : une radio, des voix d'enfants. Avant de repartir en quête d'Arthur et de ses compagnons, j'avais prévu d'aller découvrir le mont Saint-Michael. Je m'interrogeais : cet endroit était-il aussi chargé de légende que sa version française ? Les deux monts Saint-Michel entretenaient-ils, l'un avec l'autre, d'étonnantes correspondances qui me seraient révélées le lendemain ? Des liens mystiques qui auraient souligné combien ces deux terres, bien que séparées par la mer, étaient unies ?

Depuis mon téléphone portable, j'accédais au site web du mont Saint-Michael et je réservais ma visite. Le mont n'ouvrirait qu'à la marée descendante, cela me laissait encore un peu de temps.

Tôt le lendemain matin, sous un soleil falot, je grelottais dans mon maillot de bain sur les galets de Penzance. En attendant l'ouverture du mont, j'avais décidé de faire comme les Anglais en vacances : baignade et breakfast. Les doigts de pied recroquevillés sous l'eau glacée, j'admirais les dames qui, autour de moi, descendaient dans la mer sans un frémissement puis nageaient en poussant de petits cris de satisfaction. Pas une ride ne venait troubler la sérénité de l'eau. En soufflant bien fort, je plongeais. Mille pointes de glace s'enfoncèrent dans ma peau.

Ensuite, je pris un petit déjeuner anglais.

Le ventre plein de thé au lait, je me dirigeais enfin vers le mont Saint-Michael : la marée était en train de descendre, il serait bientôt accessible.

Derrière une rangée de dunes, je découvrais une longue plage sur laquelle des couples d'Anglais patientaient, mangeant des scones couverts de confiture à la cerise et buvant du thé dans des gobelets de carton. L'eau refluait assez vite maintenant et laissait deviner une chaussée toute scintillante. Elle conduisait au mont. Quand ils la virent apparaître, les touristes se dirigèrent vers elle, formant une file calme qui avançait à petits pas, au fur et à mesure que la mer libérait le chemin. De l'autre côté, un homme affublé d'un immense chapeau contrôlait les billets en faisant des blagues.

Derrière lui, on trouvait deux chemins. L'un conduisait à gauche, vers une buvette où l'on servait de la bière. Malgré l'heure matinale, nombre de visiteurs choisirent cette option. L'autre menait vers la droite, vers un petit port bordé de vieilles maisons de granit.

Dans l'une de ces maisons, des panneaux nous apprenaient qu'en 495 l'archange était apparu à des pêcheurs pour les sauver du danger. Mais pas de trace de taureau furieux, ni de menhirs abattus par un saint, ni de rocher strié par les griffes du démon. Au XIIe siècle, l'abbé du Mont-Saint-Michel, en Normandie, avait fait construire ici une église et un cloître dont l'abbaye était restée propriétaire pendant trois cents ans. Venait ensuite une photo en pied de Lord et Lady St Levan, les actuels propriétaires du lieu, accompagnée d'une interview dans laquelle ils affirmaient aimer voir le reflet de la lune dans la baie, la nuit, « comme un sentier argenté sur la mer ». Je restais sur ma faim mais il me restait la visite du château.

Suivant la foule, je m'engageais sur un petit chemin qui grimpait vers la haute bâtisse. À un endroit, tout le monde s'arrêtait pour admirer, sur le sol, un pavé en forme de cœur : une photo, placardée à côté, le signalait, au cas où un ahuri de mon espèce eût risqué de passer à côté sans y prendre garde. Plus haut, sur la terrasse, le drapeau de Cornouailles flottait au sommet d'une hampe. Enroulée autour du mât, une jeune femme prenait des poses langoureuses pour l'appareil photo de son petit ami.

J'entrais dans le château. Il avait été entièrement remanié à l'époque victorienne. Il me rappelait le château de Combourg, l'émotion en moins. En suivant le parcours, on nous exposait les collections d'armes des St Levan, des portraits de famille, leur salle à manger. Nous arrivions dans un salon où la reine était venue prendre le thé sur un canapé à côté duquel une photo, preuve irréfutable, la montrait devisant, tasse à la main, avec Lady St Levan. La vision de la reine et de sa tasse de thé réveilla enfin mon instinct de survie. Il m'apparut comme une évidence que je n'avais rien à attendre de cet endroit : je me faufilais entre les visiteurs et m'en allais, en maugréant, jusqu'à la plage.

Assis au pied d'une dune, je remâchais mon amertume. Cet endroit était désespérément ennuyeux. Je devrais tout de même continuer à chercher dans le paysage des signes de connexion avec la Bretagne mais les jours qui suivirent ne furent que déception : embouteillages, parkings payants, pubs surchauffés où ma solitude me sautait à la figure et que je finissais par éviter, familles en randonnée à VTT, plages emplies de surfeurs rayonnants, glissant sur les vagues où je buvais la tasse ; couples attendris devant l'horizon. Je tournais en rond. Je finissais par oublier pourquoi j'étais venu ici, je comptais avec angoisse et impatience les jours qui me restaient avant de rentrer en Bretagne. J'en avais oublié Arthur jusqu'à ce que, une après-midi où je m'ennuyais dans ma petite maison de bois, je retrouve au fond de mon sac un livre que j'avais emprunté à ma fille avant de partir.

C'était un livre pour enfants, il ne se prenait pas au sérieux. Sur la couverture figurait une épée enfoncée dans un rocher. Un rouge-gorge juché sur sa garde, bravache, regardait le lecteur d'un air de défi, il semblait dire : oserais-tu tirer sur cette épée ? Je m'étais assis sur le rebord de mon lit. Le moins farouche des deux chats, qui s'était faufilé derrière moi, avait sauté sur le matelas et maintenant, allongé contre mon ventre, il entamait une petite sieste. N'osant le déranger et n'ayant rien d'autre à faire, j'ouvrais le livre.

Lorsque je le refermais, la nuit était tombée depuis longtemps et le chat s'en était allé. Je le retrouvais installé au bord de la terrasse. Je m'assis à côté de lui, sans me jeter un coup d'œil, il se leva, s'étira. J'ouvrais une bouteille de cidre et allumais une cigarette. La fumée produisit un énorme nuage qui nous enveloppa, le chat et moi. Quand elle se fut dissipée, le chat avait disparu et j'avais décidé de me remettre en route.

Il y avait, au nord de la Cornouailles, un endroit nommé Tintagel que je devais voir avant de m'en aller.

30.
À Tintagel

Le lendemain matin, je quittais Penzance et, après avoir traversé toute la Cornouailles, j'arrivais à Tintagel en début d'après-midi.

Tintagel, ce sont trois choses à la fois : un lieu légendaire, un site archéologique et une ville touristique. C'est la ville que j'avais vue en premier. Moins qu'une ville, une rue, que je descendais après avoir garé ma voiture dans le « Sword in the stone car park ». On trouvait dans cette rue à peu près tout ce qui pouvait se vendre en matière de kitsch arthurien : des librairies ésotériques, des magasins de pierres magiques, des vendeurs d'épées en mousse, de casques en plastique, et toujours ces improbables attrape-rêves indiens. Les hôtels s'appelaient le King Arthur's Arm Inn ou le Camelot Castle. Il y avait aussi un « Arthurian Centre », sorte de bâtisse néogothique dont le fronton était orné d'un symbole maçonnique. Je traversais tout cela en serrant les dents et m'arrêtais devant un pub.

Assis à la terrasse, je regardais du coin de l'œil les badauds qui s'engageaient dans le chemin conduisant à la presqu'île de Tintagel. Je m'étais promis de ne pas renouer avec l'expérience catastrophique du mont Saint-Michael et j'avais donc décidé, contre toute logique, de ne pas visiter cet endroit pour lequel j'avais traversé la Manche, puis le pays.

J'en étais là, à maugréer dans mon coin contre l'Angleterre tout entière et contre les Anglais en particulier, quand une femme accompagnée d'un lévrier me demanda la permission de partager mon banc. Comme il faisait beau et qu'elle ne voulait pas que son chien souffre du soleil, elle entreprit aussitôt de déployer un parasol, je l'aidais. Puis, elle déplia une couverture sur laquelle le chien s'allongea et, sortant une écuelle de son sac à main, l'emplit d'eau et la déposa par terre. Enfin, elle se tourna vers moi et me tendit la main. « Alors, comme ça, vous visitez la Cornouailles ? » Elle me regardait d'un air narquois. « Vous n'êtes pas content ? Vous boudez ? Vous avez tellement l'air français ! On n'en voit pas souvent par ici des Français. D'habitude ce sont surtout des Américains, des Australiens, bon des Anglais évidemment, des Chinois aussi parfois, mais peu de Français : vous avez la Bretagne, vous ! »

Je lui expliquais que c'était précisément la Bretagne que j'étais venu chercher ici.

Elle s'appelait Suzanne. Depuis vingt ans, elle travaillait comme guide-conférencière sur la presqu'île de Tintagel. Comme tous les jours après le travail, elle venait boire un verre de vin blanc au Wootons Inn. Elle avait tiré un paquet de cigarettes extra-longues de son sac à main et, tout en fumant, entreprenait de m'expliquer pourquoi Tintagel était un site majeur de l'histoire de Cornouailles. Et voici que les *dark ages* faisaient leur grand retour sur la table car Tintagel avait été, à cette époque, une ville « aussi peuplée que Londres », m'assurait-elle, qui commerçait avec les plus grandes cités de Méditerranée : la preuve, des morceaux de poteries grecques y avaient été retrouvés par les archéologues. Tintagel avait été la capitale d'un royaume breton très puissant.

« D'où, m'exclamais-je, la légende d'Arthur ! »

Suzanne expédia son mégot d'une chiquenaude. Elle me lança un regard noir ; le chien leva la tête en grondant. « Qui parle de légende ? »

Je bredouillais une réponse.

« Regardez-les tous ! » Un cortège ininterrompu de touristes s'engageait désormais vers la presqu'île. « Vous croyez qu'ils sont venus ici à cause d'une simple légende ? » Je songeais que c'était bien possible et même tout à fait respectable. « Il y a trop de zones d'ombre, trop de détails étonnants pour que ce ne soit qu'une simple légende. D'ailleurs vous savez quoi ? À chaque fois qu'un archéologue fait une découverte qui pourrait prouver qu'Arthur a bien existé, une foule d'experts se précipite pour le dénigrer. Du coup, évidemment, plus personne n'ose rien dire. Mais pourquoi croyez-vous que les gens continuent de venir ici ? Vous trouvez vraiment que tout cela a l'air faux ? » Elle balayait d'un grand geste la presqu'île de Tintagel, le village, les touristes. « Certains consacrent leur vie à cette histoire. Et d'ailleurs, pourquoi vous êtes là, vous, juste pour une légende ? »

L'océan nous apportait de nouveaux contingents de nuages. Il se remettrait bientôt à pleuvoir. Suzanne avait fini son verre de vin. C'était la première personne à qui je parlais depuis plusieurs jours, je ne voulais pas que nous nous quittions fâchés. Je demandais pardon d'avoir utilisé le mot « légende ». « Ça n'est pas un gros mot, vous savez. » « Oh ça ira, ne vous inquiétez pas. » Elle repliait la couverture de son chien. « Tiens, vous devriez aller voir Joe. » Elle me tendit un dépliant qui présentait la « Vale of Avalon ». « Dites-lui que vous venez de ma part, vous verrez bien ! » Nous nous serrâmes la main, elle s'en alla.

La pluie s'était mise à tomber et, avec elle, un vent cinglant s'engouffrait dans la rue. Je la remontais, le dos courbé, quand j'aperçus de la lumière dans l'Arthurian Centre. Je poussais la porte.

Un petit homme tout rond, assis derrière un tiroir-caisse, me souhaita la bienvenue : « Le spectacle va commencer dans 5 minutes. » J'allongeais sur le comptoir le billet de 10 livres qu'il me réclamait sans bien comprendre pourquoi je lui obéissais et, en attendant le spectacle, jetais un coup d'œil à un panneau m'indiquant que je me trouvais dans « le seul bâtiment au monde consacré à la légende arthurienne ». L'endroit avait été fondé par un homme d'affaires dénommé Frederick Thomas Glasscock, qui avait fait fortune dans la moutarde et s'était pris de passion pour les chevaliers de Camelot. Il était mort un 26 juillet 1934, jour de la sainte Anne, en traversant l'Atlantique, où son corps avait été jeté.

Depuis la fin du XIXe siècle, aidée par la mode du Moyen Âge, la geste arthurienne avait fait son grand retour en Grande-Bretagne. Dans un mouvement semblable à celui qui poussait les romantiques français vers les côtes de Bretagne, elle avait été remise au goût du jour en Angleterre par des poètes épris de symbolisme, qui avaient redécouvert le texte de Thomas Mallory. À la fin du XVe siècle, ce chevalier anglais s'était réapproprié la « matière de Bretagne », l'avait synthétisée et en avait tiré un texte imprimé sous le titre : *Le Morte d'Arthur*. La Renaissance s'apprêtait à enterrer tout ce qui provenait de l'époque médiévale et le *Don Quichotte* de Cervantès porterait bientôt un coup fatal à l'idéal chevaleresque. Mais *Le Morte d'Arthur* allait rester la version la plus aboutie des aventures du roi et de ses chevaliers. Aujourd'hui encore, l'infinie profusion d'œuvres tournant autour de la légende d'Arthur s'inspire du roman de Thomas Mallory.

Vertigineuse et étonnante est la liste des écrivains qui, depuis un siècle, se sont emparés d'Arthur : Guillaume Apollinaire en a fait un long poème ; Jean Cocteau a consacré une pièce de théâtre à Merlin ; John Steinbeck, qui a découvert la littérature grâce à lui, est parti vivre en Angleterre pour étudier le manuscrit de Thomas Mallory avant de réécrire, lui aussi, le roman ; Julien Gracq a raconté la quête du Graal ; Terence Hanbury White lui a consacré une trilogie dont le premier volume, *L'Épée dans la pierre*, a servi de trame au fameux dessin animé de Walt Disney. Plus tard, Tolkien, le père de Bilbo le Hobbit et de Frodo Baggins, puiserait à profusion dans les thèmes de la matière de Bretagne, donnant naissance à une littérature fantastique dont Marion Zimmer Bradley, avec *The Mist of Avalon*, parut dans les années 1980, est une des figures de proue. Avec elle, Arthur devenait de moins en moins un héros chrétien pour incarner, avec Morgane et Merlin, un monde connecté aux puissances occultes et aux forces de la nature. Puis le cinéma s'en est emparé, ancrant un peu plus Arthur dans la culture populaire.

Les 5 minutes s'étaient écoulées. Le petit homme s'était levé de derrière son comptoir et, cérémonieusement, m'avait ouvert une lourde porte de bois.

31.

L'histoire d'Arthur telle que Merlin me l'a racontée

J'entrais dans une grande pièce couverte de boiseries très sombres. Des drapeaux pendaient du plafond, des similihallebardes étaient accrochées sous des tableaux qui représentaient les moments clef de l'histoire. « Prenez place, prenez place ! » : me saisissant par le bras, le petit homme me conduisit vers une espèce de trône de bois placé sous un dais écarlate où il me fit asseoir. Il sortait sans bruit quand, au moment où il allait refermer la porte, cinq vieilles Anglaises arrivèrent dans la salle et s'installèrent de part et d'autre de mon trône. Tels un souverain et ses ministres dans la salle du conseil, nous vîmes la lumière diminuer autour de nous et entendîmes, dans la pénombre, s'élever une voix sépulcrale.

Mon nom est Merlin et je vais vous raconter l'histoire du roi Arthur et des chevaliers de la Table ronde. Aujourd'hui, vous m'appelez enchanteur... Il y a mille cinq cents ans, on me disait sage : la Bretagne était alors un endroit très différent.

À l'époque, les Saxons s'étaient soulevés contre Vortigern, le roi de Bretagne, et ils occupaient de vastes régions du pays. La paix n'est revenue que plus tard en Bretagne, sous Uther Pendragon et son frère Aurelius. Mais Uther avait deux problèmes : il n'avait pas d'héritier mâle et il était envahi par une passion dévorante pour Ygerne, la femme du duc de Tintagel. Il la voulait à tel point qu'une guerre a éclaté entre eux. Au cours d'une terrible bataille, le duc a été tué. Alors, j'ai fait appel à ma magie : Uther a pris l'apparence du duc, il est entré dans le lit d'Ygerne, ils y ont conçu un enfant. Mais les agissements d'Uther avaient créé un tel scandale que la vie du bébé était en danger. Peu de temps après sa naissance, je l'ai fait sortir du château en cachette. Un de mes vieux amis, sa femme et son fils Keu, l'ont recueilli et élevé comme l'un des leurs. Cet enfant, vous l'aviez compris, c'était Arthur, le futur roi de Bretagne.

Malheureusement, la fée Morgane, la fille d'Uther, malade de jalousie, avait lancé une malédiction contre le garçon. Or, après la mort d'Uther, les disputes et la violence ont fait de nouveau leur apparition parmi les seigneurs et les chevaliers : ils voulaient tous devenir roi de Bretagne. Alors, utilisant mes pouvoirs magiques, j'ai conçu un plan pour réunifier le pays et ramener la paix parmi les hommes. Tous les grands

chefs de Bretagne ont été convoqués à Westminster, où le nouveau roi serait choisi. Là, devant l'église, dans le cimetière, se trouvait une pierre dans laquelle était fixée une enclume. Une splendide épée sortait de l'enclume et sur la pierre on pouvait lire :
« Celui qui tire cette épée de cette enclume est le roi légitime de Bretagne. »
Vous devinez sans doute qui avait mis l'enclume à cet endroit, mais ce n'était pas le cas des seigneurs et des chevaliers. Ils poussèrent, tirèrent, secouèrent et même frappèrent l'épée, qui ne bougeait pas. Dans la foule se tenaient Arthur et son frère Kay. Sans peur, notre jeune homme s'avance vers l'enclume et, d'un coup, en tire l'épée.
Arthur était roi de Bretagne.

Un murmure de satisfaction s'élevait des fauteuils autour de moi. Imperturbable, Merlin poursuivit :

Son règne a démarré dans la paix, jusqu'à ce que la jalousie et l'avidité s'emparent des seigneurs. Ils se sont soulevés contre lui. Nous avons mené de nombreuses batailles qu'Arthur emportait toujours grâce à mes judicieux conseils… Mais, durant un combat, il brisa l'épée. Je le conduisis vers le bassin magique de Dozmary, où vivait Nynyve, la dame du lac. Alors que la lune étendait son reflet sur l'eau, une arme magnifique jaillit des flots. Arthur prit l'épée et son fourreau d'argent. « Le nom de cette épée est Excalibur, dit Nynyve, elle tranche même le fer et l'acier, mais son vrai pouvoir réside dans son fourreau. Quiconque porte ce fourreau ne mourra pas de ses blessures, garde-le comme ton âme. »

C'est à ce moment-là que moi, Merlin, j'ai décidé de quitter Arthur. J'étais fatigué, mes pouvoirs diminuaient et Arthur avait sa propre vie à mener ! Il était tombé amoureux de Guenièvre, la fille du roi Leodegrance : cet amour permit à Morgane de fomenter enfin la chute d'Arthur. Elle donna à Morgause, la demi-sœur d'Arthur, l'apparence de Guenièvre. Une nuit, Morgause pénétra dans son lit. Ils conçurent un fils dont le nom est Mordred.

Arrivée à Camelot pour y être reine, Guenièvre apporta une table ronde qui fut déposée dans la grande salle : ce fut la naissance des chevaliers de la Table ronde. Ils avaient nom Gauvain, Keu, Bedivere, auxquels se joignirent Lancelot de France, le meilleur d'entre tous, puis Perceval le Gallois, Tristan et tant d'autres !

Malheureusement, Guenièvre et Lancelot sont tombés amoureux et cet amour a été consommé. Lancelot a dû quitter le château. Il a erré pendant des années, vivant bien des aventures. Il a eu un fils du nom de Galaad : le chevalier parfait. Puis Lancelot est revenu à Camelot, avec Galaad.

C'est là qu'Arthur a lancé ses chevaliers en quête du Saint-Graal. Nombreux furent les chevaliers qui

moururent au cours de ces aventures et nombreux ceux qui revinrent les mains vides à Camelot. Seul Galaad, le chevalier parfait, pu admirer le Graal dans toute sa splendeur. Après quoi, ayant atteint le but suprême, il mourut.
Quant à Lancelot, il continuait de retrouver Guenièvre en cachette.

L'histoire commençait à prendre un mauvais tour. Des soupirs s'élevèrent autour de moi.

Alors, Mordred, le fils d'Arthur, dressa un piège dans lequel tombèrent les deux amoureux. Ils furent pris sur le fait. Lancelot s'échappa et Arthur, désemparé, écouta l'avis de Mordred : Guenièvre devait être brûlée vive pour cet adultère. Elle fut placée sur le bûcher quand, juste à temps, Lancelot surgit, avec cinq chevaliers. Il libéra Guenièvre, la hissa sur son cheval et prit la fuite vers son château, de l'autre côté de la mer. Mais, dans sa charge, il avait tué deux chevaliers d'Arthur, les frères de Gauvain.
Gauvain, plein de fureur, conseilla à Arthur de faire la guerre à Lancelot. Ils traversèrent la mer et beaucoup de chevaliers furent tués jusqu'à ce qu'Arthur et Guenièvre se réconcilient. Alors qu'elle rentrait chez elle, la reine fut capturée par Mordred, qui se proclama roi à la place de son père. Arthur dû revenir en catastrophe : à Hastings, il défit son fils mais

Mordred s'en retourna avec une armée encore plus puissante.

Cette fois, Arthur dû se résoudre à négocier : il offrit des richesses, du pouvoir, des honneurs. Flatté, son fils accepta. Au moment où ils s'apprêtaient à signer le traité, une vipère jaillit d'un buisson : un chevalier sortit son épée pour la trancher en deux. Des deux côtés, on prit cela comme le signal du combat : les armées se ruèrent l'une contre l'autre avec une violence telle que pas un n'en sortit vivant.

Le soir venu, seuls Arthur et deux de ses compagnons, Lucan et Bedivere, étaient encore debout. Ils marchaient sur les cadavres tant ils étaient nombreux quand Arthur, fatigué, défit son ceinturon et déposa Excalibur. C'est alors qu'il vit Mordred : saisissant une lance, il courut vers lui et le transperça de part en part mais Mordred, d'un coup d'épée, lui fendit le crâne et mourut. Lucan et Bedivere se précipitèrent vers Arthur et le soulevèrent. Le corps de Lucan était couvert de blessures. Porter Arthur lui coûta un tel effort que ses entrailles jaillirent de son ventre et qu'il tomba à terre, l'écume aux lèvres. Arthur avait compris que tout était terminé : il tendit Excalibur à Bedivere qui, malgré sa réticence, finit par la jeter dans le lac : aussitôt un bras s'en saisit, l'agita trois fois et disparut dans l'eau. De retour près d'Arthur, Bedivere eut simplement le temps de voir une barque s'éloigner. À son bord reposait le roi, la tête sur les genoux d'une femme qui le conduisait vers l'île d'Avalon, où il est encore. On dit de lui qu'un jour il reviendra.

Le silence s'était fait dans la salle, la lumière était revenue. Songeuses, les cinq Anglaises se levèrent en silence et quittèrent leurs fauteuils de conseillers pour s'engager dans un couloir que je n'avais pas vu. Je les suivais. Il donnait sur une sorte de hangar au milieu duquel avait été disposée une épaisse table ronde de granit. Des vitraux assez grossiers reproduisaient de nouveau les grandes scènes de la vie du roi, mais on devinait, par la lumière qui les traversait, que le beau temps était revenu. Blasé par toute cette débauche de chevaux, de boucliers et de sorcières, j'abrégeais la visite.

J'étais déjà dehors quand le petit bonhomme jaillit de son comptoir et fonça vers moi, une feuille de papier à la main : c'était un formulaire d'adhésion à la « Fraternité des chevaliers de la Table ronde du roi Arthur », fondée en 1930 par l'entrepreneur en moutarde. Il proposait, pour la somme de 40 livres : une carte de membre et un certificat, sept assiettes illustrées, un badge « en étain sans plomb », quatre lettres par an et la promesse d'« une fraternité vivante qui illuminerait nos vies et celles de nos proches dans ce monde dangereux, plein de changements et d'incertitudes ».

La proposition était alléchante, mais je la repoussais : « Je suis plutôt du genre chevalier errant », lui expliquais-je.

Dans un haussement d'épaules, le petit homme fit demi-tour. Je regagnais le Sword in the stone car park où m'attendait ma voiture. Je mis le contact, désespéré de trouver enfin ce que j'étais venu chercher.

32.
Chaumières et palais

Le soir, j'étais assis près d'un feu. Le soleil était couché mais un peu de sa lueur se répercutait encore sur le ciel et je voyais se détacher, au loin, les falaises par-dessus la mer, un clocher enfoui entre deux vallons, des haies d'où me parvenaient les derniers meuglements des vaches.

Parfois, le chien de la ferme passait me voir, pour vérifier que tout allait bien. Je lui grattais la tête et le laissais repartir.

J'étais arrivé là après m'être longuement perdu dans la campagne, mais lorsque j'avais enfin trouvé la ferme toute fatigue s'était envolée. En ouvrant la porte de ma voiture, une odeur de mon enfance, de paille et de fumier, m'était montée aux narines. Une petite femme, la tête protégée par un fichu, les pieds enfoncés dans une lourde paire de bottes, était venue à ma rencontre. Son chien bondissait autour d'elle et, après qu'elle m'eut adressé la parole, il s'était précipité pour me faire fête. J'avais garé ma voiture au pied d'un grand hangar débordant de meules de foin, sur une dalle parsemée de ces gros blocs de terre bien particuliers, en forme de V, qui sont moulés par les pneus des tracteurs.

Sans en prendre conscience, je n'avais choisi en Cornouailles que des endroits minuscules pour me loger. Cette fois-ci, c'était une sorte de roulotte posée à l'écart de la ferme, à peine grande comme une coquille de bernard-l'hermite. On y trouvait uniquement un lit et une table basse. Rencogné à l'abri de ce refuge, j'étais parfaitement à l'aise pour embrasser le pays. « Qui a château rêve chaumière, qui a chaumière rêve palais », dit un philosophe : depuis le renfoncement de ma chaumière, il suffisait que j'ouvre la porte pour admirer un palais de haies et de falaises, seulement délimité par l'horizon bleu de la nuit. Tout cela était à moi et je m'y sentais, enfin, chez moi.

Dans l'étable on avait arrangé une salle de bains : en prenant ma douche, j'entendais grogner les cochons, de l'autre côté d'une cloison de tôle. Mon salon était une table posée sur le gazon, près d'un foyer où crépitaient les flammes. Des étincelles s'envolaient vers les étoiles.

33.
Rien n'est légende

Le lendemain, Sarah me prépara un petit déjeuner dans sa ferme. C'était une très ancienne demeure. Le sol était fait d'ardoises larges comme des pierres tombales, usées par des générations de bottes et de godillots à clous. Dans la cheminée brûlaient trois boulets de charbon. Depuis les fenêtres de la salle à manger, on voyait rouler, par-dessus les falaises, de lourds bataillons de nuages charriés par la mer Celtique.

Comme je m'intéressais à son pays, Sarah m'apporta une vieille liasse de papiers qu'avait réunie un certain Perceval T. Cory, qui avait été intendant du manoir de Trevana de 1932 à 1992. Le « manoir de Trevana », c'était là où nous étions : douze maisons et sept fermes réparties sur 845 649 acres, données à Robert de Mortain par Guillaume le Conquérant aux alentours de 1080. On avait alors ajouté un clocher carré à l'église dédiée à saint Petroc, dont les reliques avaient été volées et emportées en

Bretagne au XIIe siècle. Depuis, rien n'avait changé : c'était interdit et c'était pour cela que cet endroit me plaisait tant.

Les touristes qui allaient à Tintagel ne s'arrêtaient pas à Trevana : il n'y avait pas de magasin de souvenirs ni de restaurant, et les habitants, qui aimaient que les choses demeurent ainsi, les regardaient passer sans lever les sourcils. En 2010, le nouveau propriétaire du manoir avait voulu le revendre à la découpe : il y avait eu des manifestations et un procès qu'il avait perdu. Le seul véritable propriétaire de Trevana, c'étaient les vaches, les champs, les haies et le vieux clocher carré au milieu du hameau.

J'aurais pu rester bien longtemps dans cette salle à manger, assis au bord de cette cheminée, à feuilleter ce vieux catalogue du temps passé en buvant du thé, mais je devais encore à Suzanne une visite à son ami Joe et je repris la route.

La Vale of Avalon n'était pas très loin mais, le temps que j'y arrive, les nuages avaient entrepris de déverser toute leur pluie sur la Cornouailles. Je me garais dans un parking vide et poussais la porte du « musée » : c'était une petite maison basse, cachée derrière un rempart de drapeaux noir et blanc tout dégoulinants, avec des présentoirs de cartes postales et, dans des vitrines, des tessons de poterie. Je trouvais là un grand homme maigre, creux, gris, perdu dans un sweat à capuche violet, quelques cheveux aplatis au sommet de son front. En me voyant arriver, il avait remonté un cache-col sur son nez et s'était réfugié derrière le comptoir où deux scones achevaient de sécher au fond d'une assiette. On entendait le grondement des camions qui passaient en trombe sur la route et, par-dessus le toit, le grésillement continu d'une ligne à haute tension.

Les câbles traversaient les prés que lui avait légués son père : il les avait tous vendus sauf, précisément, ces trois champs écrasés par les pylônes. Pourquoi ? Je le découvrirais bientôt en visitant la Vale of Avalon, m'assurait-il. Puis, m'indiquant le chemin à suivre, il avait ajouté, mystérieux : « Il suffit d'y croire. »

La Vale of Avalon était une espèce d'itinéraire à travers ces prairies, qui m'avait d'abord conduit vers une aire de jeux pour enfants puis, sous un pylône, à un « village médiéval du XIIIe siècle » : une fosse rectangulaire où l'on voyait des cailloux. Arrivé aux tristes statues de plâtre du « jardin des muses », j'avais été tenté de faire demi-tour mais la carte qu'il m'avait remise promettait pour bientôt le grand moment de la visite.

Il y eut ensuite un petit bois, puis un vallon. Le grésillement de la ligne à haute tension était assourdi par les arbres et l'on entendait couler une rivière. Au fond, au pied d'un rocher noir, se trouvait une grosse pierre rectangulaire. Elle était couverte de mousse mais on y devinait d'anciennes inscriptions. Le dépliant que Joe m'avait remis disait : « Cette pierre gravée marque le lieu de la bataille de Camlann, la dernière bataille du roi Arthur. Elle date de 540. » C'était là que le roi aurait reçu, de son propre fils, le coup d'épée fatal.

La rivière n'était pas bien large mais joyeuse, gonflée par la pluie. Les gouttes d'eau, en y tombant, traçaient de petits cercles concentriques. Enfant, son père lui avait raconté ce qu'on disait dans la famille à propos de cette vieille pierre allongée au bord de la rivière. « Ce n'est pas une légende, lui assurait-il, le roi Arthur est mort près de cette pierre, puis il a été emmené sur l'île d'Avalon. Un jour il reviendra ici. En attendant, nous sommes les gardiens de cet endroit. » Depuis, Joe y retournait sans cesse, s'asseyant contre la pierre, posant sa main dessus, rêvant : il en était devenu le gardien et le propriétaire. De l'autre côté, en haut de la colline, il se figurait les ultimes fidèles du roi Arthur dévalant la pente pour le dernier combat. Puis il avait découvert *Le Morte d'Arthur*, et ce vallon était réellement devenu sacré à ses yeux.

Plus grand, il était resté fidèle à ce souvenir. Mais quand il disait « Le roi Arthur est mort dans ce champ qui m'appartient », on lui souriait aimablement. Il avait fallu qu'il prouve que c'était vrai.

Alors il avait gratté ses prairies ; il avait lu tout ce que la littérature avait produit sur l'épopée d'Arthur ; il avait accumulé tout ce qui pouvait alimenter son obsession : tessons de poterie, fragments de poèmes, dessins, traces, lacunes. Comme il ne savait rien faire d'autre et qu'il fallait bien vivre, il avait vendu tous les champs de son père sauf celui-là. Et il en avait fait cette espèce de mémorial qui était semblable à une cabane d'enfant, maladroite et attendrissante.

En refusant d'abandonner ses rêveries de petit garçon, il avait conservé l'héritage de son père. Il y avait consacré toute sa vie. Il avait essayé de remodeler le monde autour de lui mais, en réalité, c'est lui que cette histoire avait transformé. Voilà, je crois, ce que Suzanne avait voulu me dire la veille à propos des légendes et des croyances.

La pluie redoublait de vigueur : j'abandonnais la pierre et je revenais me mettre à l'abri dans la boutique. Joe me montra ses vitrines, ses tessons, ses dessins. Avant que je ne parte, il me tendit un vieux document, je le dépliais dans la voiture.

C'était une carte en français qui devait dater des années 1950. Elle était intitulée « La Bretagne enchantée ». Des personnages moustachus, en justaucorps rouge, s'y promenaient à cheval, l'épée à la main, autour de châteaux ou dans des forêts. Des dragons étaient posés au sommet de montagnes, des fées nageaient dans des rivières, des drakkars croisaient près des côtes, des princesses habitaient des donjons, des druides lançaient des incantations, des moines portaient des calices.

Je la regardais, amusé, quand, un à un, apparurent sur la carte tous les endroits où j'étais allé depuis que je m'étais mis route, un an plus tôt : à Huelgoat, je voyais la rivière, les prairies, la forêt de hêtres et les monts d'Arrée avec la chapelle Saint-Michel-de-Brasparts, battue par le vent, et tout en bas les druides réunis autour d'une fontaine ; dans la baie de Douarnenez, je voyais Dahud emportée par les flots et une ferme où brillait encore une toute petite lumière ; puis je vis Sainte-Anne-la-Palud et, près de la chapelle de Tréflévénez, le vieux Tad Job avec sa gâpette de capitaine ; au pied de la cathédrale de Tréguier, le cimetière où reposaient mes ancêtres ; la baie de Morlaix ; le Mané Gwenn. À Saint-Malo, le Grand Bé et, au sommet du mont Dol, l'archange saint Michel terrassant le démon, et encore les marais et la procession des châteaux : Combourg, Châteaubriant, Nantes... Je voyais aussi Jack Kerouac s'enivrant à Brest, Chateaubriand se lamentant dans la lande, Flaubert marchant sur ses talons, mon oncle grattant les pierres du château de Machecoul, les chouans de Lantenac luttant contre le progrès sous le regard de Victor Hugo, Bilbo le Hobbit fumant à la porte de sa maison, Anatole Le Braz recueillant des légendes dans une ferme du Léon ; Arthur transperçant son fils d'un coup de lance. Puis je me vis errant comme je le faisais depuis des mois entre ces châteaux de légende et ces châteaux de pierre, dans cette longue quête de Bretagne qui m'avait conduit jusqu'à ce parking détrempé.

Peu à peu, j'avais construit moi aussi une demeure idéale. Pour renforcer ses fondations, j'avais empilé des ancêtres, des souvenirs de famille et d'enfance. Dans la cave, j'avais entreposé toute une forêt de symboles et de légendes. Le reste avait enfin pu se poser solidement par-dessus : montagnes, chapelles, rivières, maisons et ruelles, petits ports, plages, îles. Des sentiers reliaient désormais ces endroits chers à mon cœur, un escalier de livres conduisait au grenier dont les mansardes, grandes ouvertes, donnaient sur les étoiles. Tout cela s'appelait la Bretagne.

Je sortis de la voiture et retournais, en fonçant, vers la boutique. Joe était toujours assis derrière son comptoir, il me regarda entrer, interloqué, et je lui dis : « Merci ! » Maintenant, je pouvais rentrer à la ferme.

34.
Back home

L'après-midi, le beau temps étant revenu, j'étais parti marcher dans la campagne. Le chien de Sarah m'avait accompagné. Nous avions traversé le hameau de Trevana : un troupeau de vaches remontait la rue en dodelinant, poussé par une petite fille grimpée sur une trottinette. Le chien jappait sur les sabots des vaches, elles faisaient des écarts en meuglant et laissaient tomber de grosses bouses sur le bitume. La route devint un sentier qui longeait les falaises.

Parfois, posée derrière un muret, presque au bord du vide, je voyais une caravane dans un champ et deux Anglais, assis dans des fauteuils pliants, qui contemplaient le ciel un verre de vin à la main. Nous nous faisions des signes amicaux. J'arrivais ainsi dans un tout petit port coincé entre deux falaises. Au bout de ce port il y avait un pub. J'y revins le soir, après avoir ramené le chien à la ferme.

C'était un pub tranquille, le plafond bas, brun, auquel pendaient tout un tas de choppes et de vieux ustensiles à boire. Autour des tables, il y avait des Anglais qui buvaient de la bière. Ils se levaient régulièrement pour recharger leurs pintes. Je m'assis au bout du comptoir et je fis comme eux, admirant le ballet huilé des barmans qui opéraient devant la tubulure chromée de la tireuse. L'un d'eux, plus impérieux, moins patient, qui semblait être le chef et parlait anglais avec un accent du sud-ouest de la France, m'intriguait. Quand je lui demandai « *Are you french ?* », il me répondit, en anglais : « Qu'est-ce que ça peut vous faire ? » Puis, aussitôt, en français : « Eh mais tu es français, toi aussi ! »

C'est ainsi que je fis la connaissance de Georges, qui venait de Toulouse. Il vivait ici depuis neuf ans et n'avait pas revu la France depuis trois ans. Il disait « On n'en a rien à foutre de la pluie ! » mais son pays lui manquait. Il rêvait d'un peu de soleil bien chaud, de fêtes du village, de cassoulet et de vin rouge, de platanes, de jolies filles. Il tendait des assiettes de poisson frit aux clients en me lançant : « Ici, les gens bouffent de la merde avec le petit doigt en l'air. » Lui d'un côté du bar, servant des bières, et moi de l'autre, vidant des pintes, nous retrouvions la chaleur d'une petite patrie. Pour un moment, j'oubliais mon obsession de la Bretagne et je m'abandonnais à vivre, heureux de la tiédeur de la bière, du *jacket potatoes* fumant qu'il avait déposé devant moi, des choppes qui pendaient au plafond, de la musique, des Anglais, de tout. Je le quittais en titubant, promettant de revenir bientôt.

Le lendemain matin, j'étais à Plymouth : le bateau m'attendait, il me ramena en Bretagne.

Épilogue

Si vous cherchez les descendants de Saint-Exupéry, Guillaumet ou Mermoz, allez un jour à l'aéroport de Brest. Ne vous aventurez surtout pas dans l'aérogare toute neuve, mais suivez la route jusqu'à un petit parking posé au pied d'un vieux hangar rouillé. Là, pendant que l'on pèse vos bagages, vous pourrez voir un homme à son bureau : c'est le pilote de la compagnie locale qui prépare son vol. Peut-il décoller aujourd'hui ? Il consulte la météo, s'informe de l'état du tarmac à Ouessant : est-il sec ? C'est rare. Mais simplement humide, complètement trempé ? Il regarde le vent ; s'il est d'ouest, dans l'axe de la piste, ça ira. Mais s'il la balaye du nord au sud, il y a danger : son avion peut atterrir jusqu'à 20 nœuds de vent de travers. Certains pilotes osent se poser jusqu'à 40 nœuds.

Assis dans une petite salle, les passagers attendent le verdict. La décision du pilote est sans appel. Le brouillard peut être si bas qu'on ne voit pas la tour de contrôle : il décide tout de même d'atterrir dans les nuages. Parfois, quand la tempête est trop forte, les bateaux ne peuvent plus relier l'île : le pilote accepte tout de même de décoller.

Les aviateurs de la compagnie sont fiers d'exercer leur métier, cela se voit. Ce sont des gens admirables. Ils dirigent réellement leur avion : seulement l'homme et sa machine.

Le pilote vous emmène maintenant sur la piste. La carlingue brille sous la pluie. Dedans, dix places. Parfois, des sièges sont enlevés pour installer une civière. Sous le ventre de l'aéronef, il y a une espèce de coffre où sont soigneusement répartis les bagages : il ne faut pas déséquilibrer le petit appareil.

Le moteur est en marche, l'hélice bat l'air de plus en plus vite et l'avion se met à rouler. Il va falloir se faufiler sur la piste, entre deux gros porteurs, pour décoller. Dans 20 minutes, on sera arrivé.

C'est de cette manière, par un jour gris où les nuages roulaient à même le sol, que j'ai mis le pied à Ouessant.

On vit à Ouessant comme sur un bateau, ou comme sur la planète du Petit Prince : depuis le même endroit, on peut voir le soleil se lever et se coucher sur l'océan. On voit si bien le ciel qu'on peut deviner les grains de très loin. Au simple bruit que fait la houle quand elle vient s'écraser sur la côte, on sait s'il y a de la mer ou non.

La nuit, sur un bateau, on allume les feux de position. À Ouessant, la lande est balayée par les faisceaux lumineux des phares. Celui du Créac'h est le plus puissant du monde : il éclaire jusqu'à 55 kilomètres à la ronde. Sur une île comme sur un bateau, tout a été apporté à bon escient, rien n'est arrivé là sans raison : tout a un sens.

J'avais trouvé une petite maison isolée, près de Lampaul : je m'y étais installé pour écrire ce livre. Mes journées étaient réglées comme sur un bateau. Deux fois par jour, je sortais marcher dans la lande. Le reste du temps j'étais de quart, assis à ma table de travail.

J'avais fixé ma promenade de l'après-midi sur le coucher du soleil et je crois qu'elle aussi. Nous nous croisions tous les jours, à peu près au même endroit. Nous avions fini par nous saluer, puis par échanger trois mots. Un jour, pour rompre ma solitude, elle m'avait invité à prendre un café.

Son mari était un célèbre compositeur de musique. Elle l'avait rencontré à Rennes et, quand il lui avait proposé de la suivre à Ouessant, elle avait aussitôt accepté. Ils avaient racheté l'ancienne boîte de nuit du village qui tombait en ruine, ils en avaient fait un studio d'enregistrement. Ils y travaillaient la semaine, et le samedi soir ils donnaient des concerts avec des musiciens « du continent ». Un grand piano à queue avait été roulé au milieu du studio. Il y avait des cymbales, des guitares ; des faisceaux de fils électriques sortaient de tables de mixage. Depuis la baie vitrée, on voyait la mer.

Je lui parlais de ce livre, elle me parlait de la langue bretonne. « C'est par le breton que l'histoire de la Bretagne peut exister et se transmettre », disait-elle. Devenue très vieille, sa grand-mère avait oublié le français, elle ne savait plus que le breton : elle était morte isolée dans un monde auquel sa famille n'avait plus accès. Alors, à son tour, elle avait appris le breton, ç'avait changé sa vie. « J'ai renoué avec moi-même. » Dans sa maison, on ne parlait plus qu'en breton. Son fils grandissait en breton. Elle disait qu'ailleurs les vies se ressemblaient toutes : mêmes maisons, mêmes jardins, mêmes cuisines, mêmes rêves. « Les gens sont perdus. Ils ne cherchent plus à savoir qui ils sont, ça les rend tristes. »

Je l'ai aperçue une dernière fois le jour où je quittais Ouessant. Mon taxi était arrivé en retard : j'étais furieux, j'avais peur de rater l'avion. Le taxi fonçait dans la lande quand, après un virage, il avait dû piler pour éviter sa voiture. Elle était au volant, souriante, elle s'est rangée sur l'herbe pour nous laisser passer. Son mari et son fils étaient assis à côté. Je ne sais pas où ils allaient mais ils semblaient heureux. J'y ai souvent pensé depuis.

Crac'h, Morbihan, janvier 2022

Remerciements

Merci à Lannick de Dieuleveult, Bernard de Grandmaison, Tad Job an Irien, Sarah James, Yann Ber Kemener, Per-Vari Kerloc'h et les membres de la Gorsedd de Bretagne, Guy de La Tour du Pin, Joe Parsons, Émilie Quinquis, Steve, du Cobweb Inn, Suzanne, du Wootons Inn.

En mémoire d'Henri et d'Olivier de Grandmaison et de Françoise Thomas, de Telgruc-sur-Mer.

Table

COMPOSITION ET MISE EN PAGES
NORD COMPO À VILLENEUVE-D'ASCQ

CET OUVRAGE A ÉTÉ ACHEVÉ D'IMPRIMER
PAR CPI FIRMIN DIDOT
EN AVRIL 2022

N° d'impression : 166612
Dépôt légal : mai 2022
Imprimé en France